静かなる日本侵略

中国 韓国 北朝鮮の日本支配はここまで進んでいる

佐々木 類
Rui Sasaki

ハート出版

はじめに

いつの時代も、九州と南西諸島は国防の最前線だった。それが今、防衛ラインを人知れず突破され、首都圏までもが静かに侵略されつつある。善意の留学生を装い、合法的な商取引を通じて、われわれ日本人の日常生活に、深く静かに根を下ろし始めているのだ。

宮崎県の過疎の町に、中国人留学生が9割を占める高校が出現した。福岡県に拠点を置く私立大学の都内にある分校も、一時期9割を超える新入生が中国人だった。

中国人をはじめとする多くの外国人は、日本と母国でそれなりの審査を受けて来日した、向学心に燃える留学生だったり、就労者だったりするのだろう。しかし、受け入れる側にとって、きれいごとだけでは済まされぬ現実が表面化し始めているのも事実である。

米国では連邦捜査局（ＦＢＩ）が捜査対象と明言している「孔子学院」が、わが国では運営方法が広く問われることがないまま、14校も大学に事務所と教室を持ち、中国共産党の意に反した言動をしないことを主眼とした洗脳教育を始めようとしている。それを日本の警察当局が「コーカク（行動確認）」対象にしていることは、知る人ぞ知る。

ある者は留学生ビザを持ち、ある者はその家族として中国本土からやって来て、排他的な華僑のコミュニティをつくり、日本人住民らと摩擦を起こす。ゴミの分別をし、近所迷惑になるような騒音をたてないなど、団地のルールを守るよう助言する日本人の自治会役員に逆ギレする。中には「うるさい、乗っ取ってやる！」とカタコトの日本語で凄《すご》む不埒者《ふらちもの》もいる。

また、来日目的を虚偽申請し、保険料をまったく払ったことがないのに高額医療を安く受けているというケースも増えている。また、それを斡旋《あっせん》する仲介業の中国人が現れて生業とし、日本人の血税にたかる中国人を増やしている。これらを放置してネズミ算式に増えたら、信用で成り立つわが国の医療保険制度は破綻する。保険料をまじめに払っている日本人から見たら、不公平きわまりない。医療費の4割は、税金でまかなわれているのである。高齢者が増え続けるわが国の社会において、これは由々《ゆゆ》しき問題なのだ。

しかし、こうしたケースは氷山の一角である。空気がきれいで物資が豊か、礼儀正しい人たちが住む国のビザや永住権、場合によっては国籍まで簡単に取得できる。あげくの果てに、高額な医療を、最新の医療設備と医療技術で安く受けられる――というのであれば、中国人ならずとも、来日したくなるのは当たり前だ。しかもそれが合法なのであれば、彼らだって、文句を言われる筋合いはないと思うだろう。

さらに、医療制度の抜け穴ばかりが狙われているのではない。外国人による土地取引もザル状態で、中国、韓国資本がやりたい放題だ。

まず、人口流出と過疎に悩む対馬《つしま》が、韓国資本のターゲットになっている。そこでは、海上自衛隊基地の周辺を取り囲むように韓国資本に買い漁《あさ》られたままだ。かつて筆者が住んでいた米首都ワシントンの海軍基地周辺では決してあり得ない光景が、そこには広がっていた。いずれ中国も、手を変え品を変え、ここに乗り込んでくるだろう。だれが、なぜ、買収されるまで手をこまねいていたのだろうか。こうした、外国人による土地取引の規制を放置してきた国の責任は重い。

つまり、一番の問題は、こうした実態を許したまま法の抜け穴を埋めようとしない政治と行政の不作為であり、怠慢なのである。防衛省も同罪だ。せっかく周辺の土地売却話をもちかけられたのに、「予算不足を理由に拒否した」（周辺住民の証言）というような不作為は、犯罪的ですらあり、納税義務を果たす国民への裏切りでもある。

このほかにも、2000人〜6000人もの中国人客を乗せた大型クルーズ船の、離島（奄美《あまみ》大島《おおしま》・西古見《にしこみ》集落）への寄港問題も浮上する。たった35人の集落に数千人の中国人を呼び寄せて、いったい何をしようというのか。この奄美大島瀬戸内町《せとうちちょう》の西古見集落周辺は、陸上自衛隊の虎の子、水陸機動団の極秘演習区域に近いし、周辺では地対艦ミサイル基地を建設中でもある。

詰まるところ、日本人自身がこうした事態を自ら招き、墓穴を掘ろうとしているのだ。防衛上の問題も、留学生の問題もしかりだ。騒音被害などで引っ越したくても引っ越せず、高額医療を受けたくても受けることのできない、経済的に弱い立場の日本人にしわ寄せがきているというのが、取材を通じた筆者の実感だ。

少子高齢化で国内需要が冷え込む中、観光立国を目指して2020年までに外国人観光客を4000万人呼び込み、外国人留学生を30万人受け入れる、という政府の施策を全否定するものではない。しかし、政府・与党が威勢よく目標を掲げ、関係省庁が予算を獲得して数字の帳尻合わせに汲々《きゅうきゅう》とする姿は、あまりに省益優先で近視眼的に過ぎる。外国人を「呼び寄せました、あとは知りません」では、この国を担う若い人たちを苦しめるだけだ。

いま、顕在化しつつある問題は、欧米諸国が頭を抱えている移民問題そのものであることを日本政府はごまかさずに、きちんと国民に説明するべきである。この国のあり方を根本的に問う移民政策が、国民不在のまま置き去りにされている。筆者が現場に足を運んで実感するのが、国民が知らぬまに移民流入が解禁されてしまったという事実だ。トランプ米大統領が物議をかもした移民問題は、日本人にとっても他人ごとではないのである。目に見える国境だけが国境なのではなく、医療や教育制度、治安にかかわる法制度、その他数えきれないこの国の「ソフト」が、外国人移民の前にほころびを見せ始めているのである。

安倍政権には、こうした問題に正面から向き合ってほしい。憲法改正もある。内外の諸課題は山積するが、国民生活に直結する移民問題の優先順位は、決して低くはないはずだ。

政権批判もいい。しかし野党も、閣僚や官僚、与党議員のスキャンダルを探してばかりではなく、移民問題のような国家の根幹に関わる問題について、国会で真剣に議論してもらいたい。

「人口は武器である」――。

住民の流出と高齢化が著しい過疎の町村や首都圏の団地が狙われている昨今、かつての中国の最高指導者、毛沢東の言葉が不気味に響く。最近の２００年間だけでも、50の国家や地域が地図の上から消えている。チベット、ウイグル（東トルキスタン）、南モンゴル（内蒙古）――。すぐ近くにある、これだけの国家が、中国共産党政権によって、民族浄化の危機にさらされ続けている。２０５０年の近未来、西日本が「中国東海省」に、東日本が「日本自治区」に編入

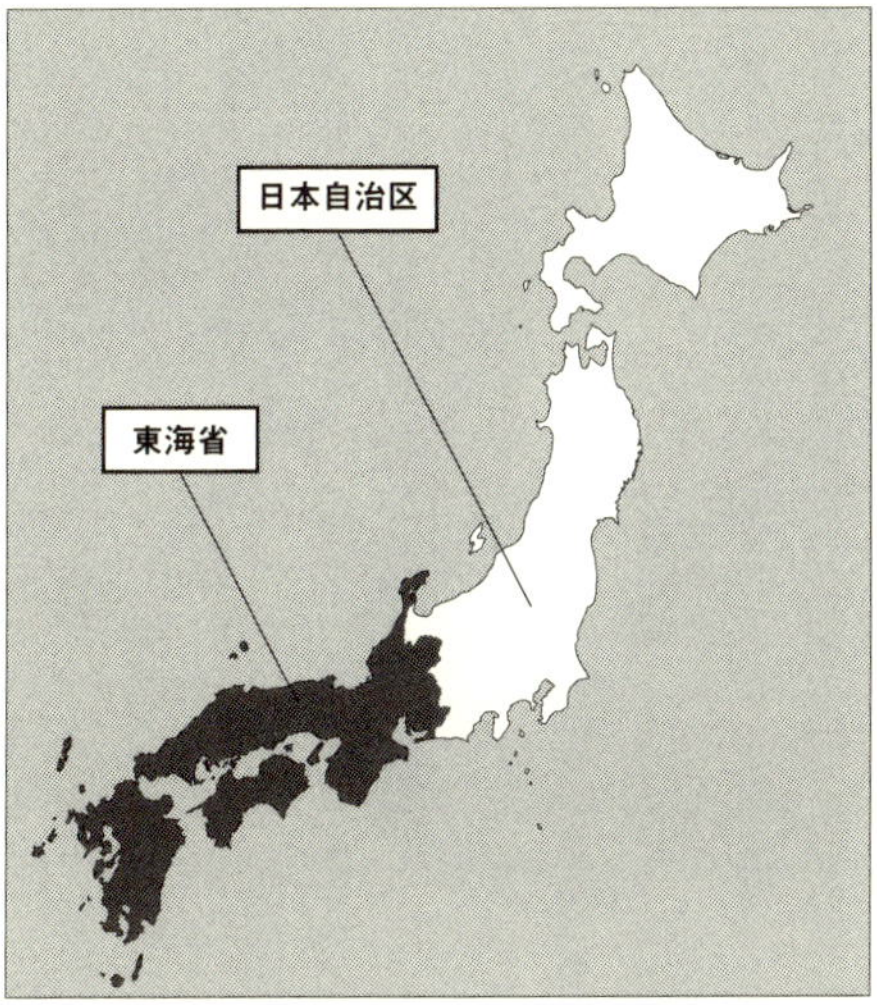

〈中国が狙う2050年の東アジアの版図・1〉

された極東の地図が、まことしやかに中国のネット上で取りあげられている。今はまだ絵空事《えそらごと》に過ぎないが、そういう白昼夢を見ている危ない隣人が近くにいるのも事実なのだ。

習近平国家主席の言う「中国夢」が、中国が進める現代版シルクロード経済圏構想である「一帯一路」の名のもとでユーラシア大陸を席巻《せっけん》した元や清王朝の版図をも意味するものであるのなら、これは大変危険な発想である。

例えば１９９５年、オーストラリアを訪問した中国の李鵬首相は、当時のキーティング豪首

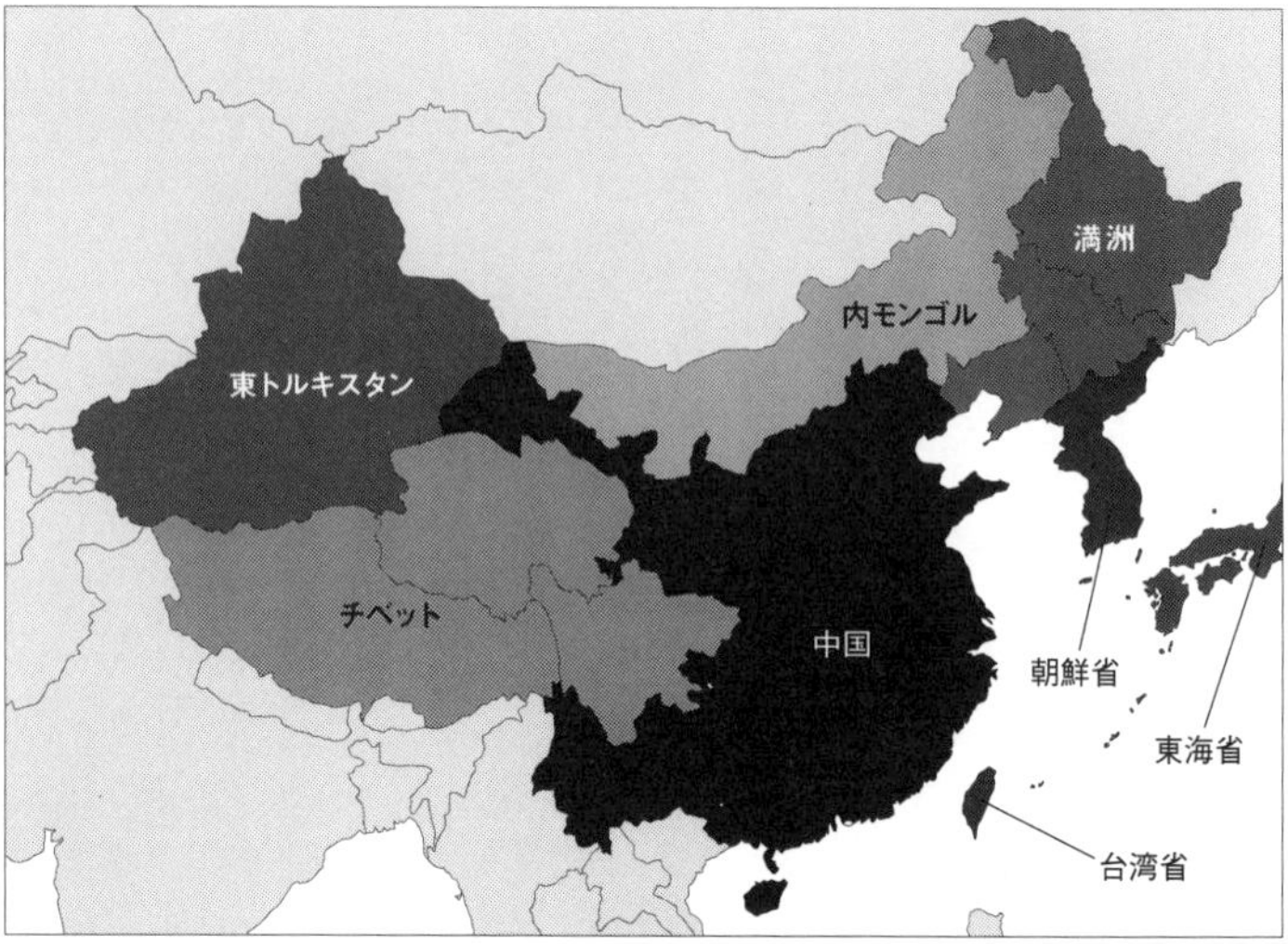

〈中国が狙う2050年の東アジアの版図・2〉

相に「日本は取るに足らない国だ。30〜40年もしたら、なくなるだろう」と語っている。戦後、驚異的な経済復興を成し遂げ、技術立国、平和国家として国際社会に貢献してきた国に対する嫉妬と警戒感が入り交じった本音だろう。

軍事大国・中国の言う通り、日本も反戦平和のお題目を唱《とな》え、彼らと足並みをそろえて自らの力を削《そ》ぐことに血道《ちみち》を上げれば、2050年ごろには彼らの期待通りに世界地図から日本という国は消え、中国の一部となって2級市民扱いされているかもしれない。

国家の最も大事なことは、国民の生命と財産を守ることである。それはイデオロギーを超え、「地球市民」といった美談仕立てのきれいごとや、情緒的なコスモポリタニズム（世界市民主義）よりも優先される、1ミリたりとも譲れない一線である。

とはいえ、生産拠点が国境をまたぎ、労働賃金の安い現地生産に移行し、多国籍企業が増えて外国籍の経営トップが当たり前になり、世の中は、何でもかんでもグローバル化といった風潮になっている。しかし、こういった現象は、何も目新しいことではない。

アジアに目を転じれば、随、唐、元の時代は東西の交易が活発だったたし、西域出身の「色目人《しきもくじん》」など、外国籍の優秀な人材は、帝国内で要職を与えられたりしていた。それでも、国境は厳然として存在してきたし、言語も文化も多種多様に存在する。

では、国境とは何か。自国の支配が及ぶ範囲が領土であり、その支配が及ぶ範囲と及ばない範囲を隔《へだ》てるものが国境である。

これを「与えられたもの」だと思ってしまう国民の割合が多くなればなるほど、隣国からみれば御《ぎょ》しやすい国に成り下がるし、乗っ取りやすい国家国民とみられてしまう。

「昔も今も、日本人は悪いことばかりしてきた」という政治プロパガンダをメディアに乗せて広く日本国民に刷り込む。そして、「地球市民」という、ふわふわした甘言に日本人が酔っている間に、大量の移民を送り込んで乗っ取る、というのが中国共産党の手口であることは、チベットやウイグルを見るまでもない現実だ。

米国のトランプ政権も中央アジアで起きている現実に目を向け始め、「中国がテロ対策を名目に（イスラム教徒の多い）ウイグル族数十万人を不当に拘束している」（ペンス副大統領）

と非難の声を上げ始めた。

欧州では、イタリアはじめ各国で中国人による暴動が起きている。しかもその端緒は、駐車違反の切符を切られたことだったり、ささいなことがきっかけだ。日本でもいつなんどき、彼らが暴徒となって立ち上がるか分からない。国家の根幹にかかわる外交と防衛、移民政策は、その舵《かじ》取りを間違えると、取り返しがつかないのである。

つまり、何かが起きてからでは遅いのだ。どんな批判があろうと、暴力沙汰《ざた》が起きる前に元からいる住民も合法的な移民も安心して暮らせる社会をつくるのが政治であり、それを後押しする役割としての国民意識が大切なのである。大げさではなく、筆者が実際に現場を歩いていて実感したことだ。


今回の取材を通して、絶えず思い出された映画のセリフがあるので紹介したい。

2001年のアメリカ映画「スパイ・ゲーム」で、米中央情報局（CIA）の伝説の諜報員役ロバート・レッドフォードが、事が大きくなるのを未然に防ぐため、金庫にあった重要書類を焼却するよう女性秘書に頼んだ際、彼女から「臆病ね」と言われた際のセリフだ。

「ノアは、いつ箱船をつくったか知っているかい?」

「Before the rain, before the rain...（雨が降る前だよ、雨が降る前……）」

静かなる日本侵略

もくじ

第三章 日本の離島が危ない！

第一章　中国人だらけの日本

生徒の9割が中国人留学生という異様

驚くなという方が無理である。２０１８（平成30）年４月25日朝、お茶の間に衝撃が走った。ＮＨＫの朝の番組「おはよう日本」が「留学生を確保せよ　地方の高校と自治体の試み」と題して、多くの留学生を受け入れている宮崎県内の私立高校を紹介した。なんと生徒の９割が中国人なのだ。宮崎県えびの市にある日章学園九州国際高等学校（馬籠勝典《まごめかつのり》校長）だ。

入学式の光景は異様である。「乗っ取られるとはこういうことか」と背筋が寒くなった視聴者は、著者だけではなかろう。

横20列以上に整列し、起立した圧倒的多数の中国人留学生が、日の丸とともに並べて掲揚されている中国国旗に向かって中国国歌を斉唱しているのである。もしも、そこだけ切り取るようにテレビのチャンネルを合わせた人が見たら、中国の高校かと見まがうばかりだ。

その脇で、横2列に並べられた椅子に日本人の生徒が申し訳なさそうに座っている。日本人生徒は、わずかに16人。留学生の大半を占める中国人留学生らは167人にのぼる。

NHKなどによると、同校はもともと日本人だけだったが、15年ほど前から生徒集めに苦労するようになったという。背景にあるのは急激な少子化だ。宮崎県の高校生の入学者数はこの20年で35％も減少。この高校でも経営が立ちゆかなくなってきたのだ。

実際、馬籠勝典校長はNHKの取材に対し、「どんどん日本人の生徒が減っていきました。会社ではありませんが倒産です」と本音を吐露している。

そこで目をつけたのが、外国人留学生だった。中国・長春に設立した系列校の生徒をまとめて受け入れ、1年かけて日本の有名大学に進学させるという。

こうした中国人留学生は、2年間、日本語を学んだ後、大学入試の対策を徹底的に行うという。留学生の大量受け入れの善《よ》し悪《あ》しは別にして、こうした学校側の指導の結果、7年連続で進学率100％を実現している。これら優秀な学生が、来日前の中学生時代に中国で、歴史認識などでどんな教育を受けてきたのか、どういう生活環境にあったのかを知りたいところだ。

筆者はNHKの放送後、九州国際高校と経営母体の日章学園トップへのインタビューを何度も申し入れた。だが、「日本の大学受験や生徒たちの身辺の安全」（高校関係者）などを理由に、本稿を書いている9月上旬になっても取材の許可は得られていない。直接取材し、自分の目で見て疑問をぶつけ、相手の主張に耳を傾けた上で活字にするのを基本動作としてきた立場からすると、何かやましいことでもあるのではないかと、逆に勘ぐってしまう。

だいたい、生徒の身辺の安全確保をメディアに求める方が筋違いである。過疎の町に9割もの留学生がやってくれば、不審に思う地元住民がいない方が不自然だ。NHKを見た視聴者からも、抗議や説明を求める電話が学校にひっきりなしにかかってきたという。中国人留学生を学校経営の柱とする以上、起こりうるリスク管理の責任は学校側にもある。

逆のことを考えれば、すぐ分かることだ。例えば、米国テネシー州の田舎町の米国人向け学校に日本人が9割も通い出したら、地元の米国人はどう思うのか、想像に難くない。

現在、日本に住む外国人は、過去最多の256万人にのぼる。北海道をはじめ、過疎化が進む地方の自治体でその数は顕著で、この5年間で全国の約75％に当たる1316市区町村で、外国人が増えている。

その大きな理由が、外国人留学生だ。とりわけ、中国人留学生が多い。福田康夫元首相が2008（平成20）年7月29日に提唱した「留学生30万人計画」が、中国人留学生が格段に増えるきっかけとなっている。

その10年後の今年6月、福田氏は中国江蘇省の南京大虐殺記念館を訪問した。訪問の理由が何であれ、仮に中国への過剰な贖罪意識が日本の受け入れ能力を超える規模の留学生招請に影響を与えているのであれば、その罪は深い。呼ぶだけ呼んで政権を放り投げ、日本人住民とトラブルを起こしても知らぬふりでは、あまりに無責任と言わざるを得ない。

福田氏には、後述する中国人居住者だらけの「チャイナ団地」も、ぜひ視察してもらいたいものだ。

筆者も、日本に興味を持ち、純粋に勉学に励む留学生には、日中友好の掛け橋になってもらいたいと思う。しかし、平時有事を問わず、北京《ペキン》の号令一下で動員を掛けることが可能な中国の国防動員法の存在に思いを致せば、2008年の長野聖火リレーで暴動を起こした中国人学生のように、いつなんどき、彼ら留学生が北京に忠誠を誓って豹変するのか、得体の知れない不気味さを感じるのである。

カッコウのヒナを育てる「お人好しニッポン」

わが国の伝統文化や歴史、科学技術力を知ってもらい、将来の友好関係を築くためにも、外国人留学生の受け入れは、速効性は期待できなくても重要なことである。だが、それが裏目に出た場合、つまり、反日学生を育て上げ、将来わが国に「弓を引く」手伝いをしているだけだとしたら、こんな馬鹿な話はない。

日本政府が現在の外国人留学制度でやっていることは、もしかしたら、自分のヒナと信じて巣を乗っ取られたカッコウのヒナを育てる、ホオジロやモズなどの親鳥と同じことなのかもしれない。
閑古鳥《かんこどり》という別名を持つ、カッコウ目《もく》カッコウ科の鳥、カッコウ。オオヨシキリ、モズなど、他の鳥の巣に自らの卵を産み付ける「托卵《たくらん》」で知られる。

一種の寄生だ。

托卵の際には、巣の中にあった卵を1つ持ち去って数を合わせるというのだから、タチが悪い。カッコウのヒナは10日から2週間程度で孵化《ふか》し、もともとの巣の持ち主だったヒナよりも早く生まれるという習性を活かす。先に生まれたカッコウのヒナは、巣の持ち主の卵を巣の外に放り出し、自分だけを育てさせる。巣立ったヒナは、巣の持ち主に恩返しをするどころか、親のカッコウと同じように、他の巣に卵を産み落として寄生を繰り返すというから恐ろしい。

カッコウの親を、中国共産党の幹部や人民解放軍の幹部に、寄生されているのにそれに気づかないホオジロやモズを、日本政府に置き換えてみる。もちろん、カッコウのヒナは中国人留学生だ。

中国人留学生のみながみな、工作員というわけでないのはもちろんだし、純粋な気持ちからわが国で勉強したいと思って来日する学生がほとんどだろう。だから、十把《じっぱ》ひとからげでレッテルを貼ってはいけない。だが、人数合わせで闇雲《やみくも》に入国させるようなことがあれば、どんな人材が紛れ込んでくるか、日本政府はもとより、だれも責任は取れないのが現状なのである。

留学生のチェックもそうだが、２０１７（平成29）年5月から新たに運用を開始した、中国人に対するビザ発給要件の緩和も、注意が必要だ。

外務省は、中国に居住する中国人に対する数次ビザの発給開始について、「十分な経済力」を求め、「相当の高所得者」を有する者と、その家族に発給しているビザの緩和を約束しているが、それが間違いなのである。

そもそも、「十分な経済力」も「相当の高所得者」も定義があいまいだし、何より、十分な経済力を持っていたり、相当の高所得者の方こそ、現在の中国共産党政権下で美味《うま》い汁を吸ってきた層であり、それだけ党への忠誠心が高いとみるべきなのである。カネを持っていれば良いという発想自体が間違いだと指摘したのは、このためだ。

密入国者や薬物の密売に手を染める不埒者を水際で止めようという発想も対処も大事だ。しかし、中国人の日本入国をめぐる問題は、新たな局面に入っている。高学歴、高所得の中国人であっても、政治的な意図を持って入国してくる者はいないかどうか、慎重に見極める必要があるのだ。

彼らの母国は、日本や欧米諸国と違って、自由や議会制民主主義、基本的人権を尊重する先進国ではないのである。

民主選挙をせずに政権を共産党内でたらい回しにし、子どものころから反日教育を施す、独裁国家から送り込まれてきた若者たちなのだ。親日家の多い、台湾や欧米の学生とは違う。他国の留学生や就学者とは、扱い方にも自ずと濃淡があってしかるべきなのである。これは、差別でも何でもない。ウソだと思うなら、米国や欧州に行ったらよい。いかに日本の脇が甘いかが理解できるはずだ。国籍で入国を選別するのは当たり前だ。それが差別だというのなら、世界中のすべての人にノービザで来日してもらったらよい。

学費負担や海外への留学費にあえぐ日本人の学生をないがしろにし、カッコウのヒナを育てるのに汲々とする日本の本末転倒こそ、見直すべきなのだ。

「多様性」という名の美辞麗句

工学系の大学院や研究所では、院生や研究者に混じり、わが国の最先端技術を狙う中国人留学生らが夜遅くまで1人で残っていたりする。海外からのヒトの流入に対して最も脇の甘い世代であり、将来に禍根を残す種を蒔いているのが、21世紀に生きるわれわれ日本人なのかもしれない。

これを「島国根性」と言うなかれ。カミツキガメやブラックバス、アメリカザリガニ……。こういった外来種に席巻された島国日本の自然界の惨憺《さんたん》たる現状は、論を俟《ま》たない。

わが国では、「多種多様な文化を受け入れよう」などという美辞麗句が流行《はや》っている。理想としてはそうありたいのだが、現実はなかなか難しい。そもそもの国の成り立ちが移民国家なら別だ。多種多様なヒトや人口圧力を吸収するだけの広い土地と多言語など、アメリカやカナダ、オーストラリアのような国家ならまだしも、日本の場合、多種多様な住民が突然自宅の隣に引っ越してきて自治会のルールを守らなかったりしたら、戸惑う人の方が多いのではないだろうか。しかも、もともと住んでいる日本人より、来日した中国人の数の方が多かったらどうなるのか。

きれいごとでは済まされないのである。

島国日本に住むわれわれは、金魚鉢の金魚なのである。相手がメダカならまだ、一緒に生活もできようものだ。ところが、アメリカザリガニが1匹でも入ってきたら、平穏な日常が壊されるのは一目瞭然である。

独立行政法人「日本学生支援機構」によると、２０１７（平成29）年5月1日現在、日本への留学生数は前年比11・６％増の26万７０４２人である。内訳は、アジアが飛び抜けて多く、24万９２４２人（93・３％）だ。国別だと中国が最も多く、10万７２６０人で、全体の40・２％を占める。

これは、さきに触れたように、福田康夫政権が策定した「留学生30万人計画」に基づく。東京オリンピックの開かれる２０２０年をめどに、留学生を30万人受け入れることが目標だ。海外から日本に来る留学生を、当時の約12万人から２０２０年をメドに30万人に増やすため、在外公館や大学の海外事務所など関係機関が協力して、日本への留学希望者のために一元的な相談窓口を海外に設置することなどを盛り込んだ。

この「留学生30万人計画」の策定は、福田首相が実施の意向を表明して以来、文部科学省を中心に、外務省や法務省など6省で検討を重ねてきた。政府が留学生の受け入れ計画を策定するのは、中曽根内閣が「留学生受け入れ10万人計画」を掲げた1983年以来、25年ぶりだ。

当時の報道（読売新聞2008年7月29日付 電子版）をみてみたい。

計画の骨子は、「日本留学への誘い」から「卒業後の社会の受け入れ推進」までの5項目で構成。日本留学の魅力はどこにあるのかという日本の「ナショナル・ブランド」を確立することが重要と指摘。日本への留学希望者の一元的な相談窓口の設置は、英国が世界各国に「ブリティッシュ・カウンシル」を設け、英国留学セミナーなどを開催していることを参考にした。さらに、留学生活を円滑に進めるため、在留期間の更新申請など審査の簡素化や審査期間の短縮を掲げた。

受け入れる大学側の態勢整備として、拠点になる国内の30大学を選定して支援するとともに、それらの大学では、英語のみのコースを大幅に増加して、日本語が出来なくても英語だけで学位の取得を可能にする。卒業後の日本での就職を支援するため、就職活動の期間中は在留期間の延長を検討する。

同計画の策定は、海外の優秀な人材を獲得して日本の国際競争力を高めていくことを狙ったものだが、日本への留学生の総数は、ピークに達した05年の12万1812人から頭打ちの状態が続いていた。卒業後に日本の研究機関や企業へ就職できる環境が整っていなかったためだ。

民主党政権時代の2009年、農林水産省・文部科学省・防衛省担当の「仕分け人」だった蓮舫《れんほう》参院議員が、財政削減を旗印とした今でも評判の悪い事業仕分けで、「アジア人材資金構想」や国際化拠点大学の重点育成と称した「グローバル30」などの留学生関連予算を削減した。アジア重視の蓮舫氏にしては珍しいことをしたものだが、いずれにしても、ただでは起きないのが文科官僚だ。これを逆手にとりつつ、福田政権時代の「留学生30万人計画」を蒸し返して予算を奪い返し、外国人留学生をバンバン呼び込んだ。

欧米の大学では出身国ごとに受け入れ学生の割合が決められており、留学生の出身国がかたよらないような仕組みとなっているが、日本の場合はまるで「中国人のための制度」と言われても反論できない構成比となっている。

例えば、福岡県に本部を置く日本経済大学（太宰府市五条）の東京渋谷キャンパスには、経営学部経営学科、大学院経営学研究科がある。開設初年度の2010年、940人の新入生のうち9割が中国人留学生だった。他にもベトナム、ネパールなど、計17カ国からの留学生率は99%にのぼる（日本ビジネスプレス＝JBpress）。

さきに紹介した宮崎県えびの市の高校や、この日本経済大学がそうだとは断定しないが、外国人留学生の受け入れ実態は、グローバル化などという島国の日本人受けするようなキャッチフレーズとは縁遠い。過疎や人気のない大学では、定員を満たし、学校を経営する目的を主眼として留学生を受け入れているケースが少なくないのである。もし定員割れすれば、私学助成金などの補助金がカットされてしまうからだ。

教授をつるし上げる中国人留学生

根が深いのは、私立大学に天下りの斡旋や私大支援事業を巡る受託収賄で前局長が起訴されるなどの不祥事に揺れる文科省の〝ごっつぁん体質〟だ。キャリアの文科官僚はその大半が退職後、大学などに再就職し、後輩官僚などを使って留学生を増やして補助金を引っ張るという錬金術が、退職後のビジネスモデルとして定着しているとみられることだ。

文科省によると、日本政府が全面的に金銭支援する国費留学生は、中国人が最も多くて1064人。これは、母数が大きいので当然といえば当然であるが、すべての中国人留学生のうちの1％に当たる。留学生数に対する国費留学生の比率が最も高いのはタイで、704人（17・7％）となっている。だが、3・11東日本大震災の際、200億円を超える義援金を送ってくれた台湾の学生は、国交がないことを理由に、こうした恩恵にあずかれずにいる。

中国人の国費留学生が多いのではないかという指摘に対し、文科省は、「総数は2017年5月現在で9166人。このうち中国籍の国費留学生は1064人と国費留学生全体の12％程度であり、国費外国人留学生制度の予算の大半を中国人留学生に支給しているということはない。なお、国別の留学生総数と、そのうち国費留学生数の割合についても中国は1・0％であり、全体の平均（3・4％）と比しても低い割合となっている」（文科省ホームページ）としている。
私費留学生の場合、日本学生支援機構を通じ、学業優秀、人格が優れながら経済的に修学が困難な大学院生、大学生で、仕送りが月額9万円以下の場合、それぞれ月額4万8千円が支給される。

文科省によると、2019年度のいわゆる国費留学生には、日本語研修期間は月額14万3千円、修士課程及び専門職学位課程が月額14万4千円、博士課程は月額14万5千円が支給される。往復の旅費も、基本的に全額支給される。

中国人留学生の場合、日本政府から給付されたうちの一定額を、在京の中国大使館に納めさせられているという（週刊新潮2013年8月1日付 電子版）。それが事実だとすれば、われわれの血税が知らないうちに中国当局に流れているのだ。

気になるのは、中国人留学生の大部分は、軍人の子息や共産党幹部の親戚とみられることだ。高等教育を受けるには、母国中国でそれなりの基礎教育が必要だし、日本政府から渡航費や住居費、小遣いなど、たとえ「アゴ足つき」だったとしても、それに先立つ資金調達は、一般市民には高値の花だからだ。

中国や韓国の留学生は、日本で何かを学ぶというよりも、日本人学生を捕まえては、「日本は侵略戦争を起こした」「尖閣諸島は中国領だ」「独島《ドクト》（竹島）は韓国領だ」と言い、友好の名のもとに踏み絵を迫る。筆者自身が大学生のとき、韓国人にこれをやられて辟易《へきえき》した。

東南アジアや欧米の留学生が、親日になって帰国するケースが多いとされるのに比べ、雲泥の差である。

ちなみに、オーストラリアには約15万人の中国人留学生がいる。米紙ニューヨーク・タイムズは、シドニーのレービ研究所（Lowy Institute）の東アジア問題専門家、バラール氏の話として「中国人留学生は、中国共産党の言い分に反する事実や見解を受け入れようとしない学生が多い」という指摘を紹介している。つまり、中国共産党の意に反する事実や見解は認めない学生ばかりだというのだ。

景気の良くないオーストラリアの大学に、中国の留学生が大金を注ぎ込んでいる。言ってみれば自業自得なのだが、オーストラリアのアカデミズムは、彼らの傍若無人なモノ言いを無視できないところまで追い詰められている。大学教授ですら、天安門事件や台湾をめぐる自身の発言をめぐり、中国人留学生につるし上げられている。

イギリスの公共放送ＢＢＣによると、豪ニューキャッスル大学の授業で「台湾は独立した国」との見解を示した教授に対し、中国人留学生が「教授の発言は不快である、謝れ」などと抗議した。その教授は「私（教授）の見解に感化されたくなければ、あなたたちも私（教授）に影響を与えようとすべきではない」と反論したというのだが、当然だ。こんな学生は落第させるのが正しい。ただ、こうしたことは日本の大学でも十分に起こりうることだ。もしかしたら、すでにこうしたことが日常的に起きているのに、表面化していないだけかもしれない。

日本の大学教育の現場も、一度じっくり調べてみる必要がありそうだ。

例えば、2008年に胡錦濤国家主席が早稲田大学を訪れた際には、キャンパスが赤旗を持つ学生で埋め尽くされた。北京オリンピックの聖火リレーが行われた長野県・善光寺周辺にも、北京の号令一下、在京の中国人留学生らが手に手に巨大な五星紅旗を持って集結し、聖火リレーを観に来た沿道の日本人らに小競《ぜ》り合いを仕掛け、暴力行為を働いたのは記憶に新しい。

これは、2010年7月に施行された国防動員法という中国国内法の予行演習の意味合いがあったとされる。有事平時を問わず中国国内はもとより在外の中国人（華僑、華人、留学生を含む）に対して、北京の命令一つで大量動員をかけることができる、威圧することができるという、デモンストレーションだったわけだ。

チベット動乱、毒入りギョーザ事件で、日本人の中国への国民感情は悪化しつつある中での出来事だった。このときの若い中国人留学生らの狼藉《ろうぜき》について、牧野聖修・前民主党衆院議員は、産経新聞の取材に対し、「ワン・チャイナ!!」（一つの中国）と叫ぶ中国人たちの妨害は激しかった。沿道でチベットの「雪山獅子旗」を振っても大きな中国国旗で取り囲まれ、中国人らに車道に押し出された。何とか聖火リレーの終着点である若里公園にたどり着いたが、中国国旗で埋め尽くされ、足を踏み入れる余地がなかった――と証言している。

牧野氏は現職時代から、チベット仏教最上位のダライ・ラマ14世の来日をめぐる人権問題に取り組んでおり、筆者もたびたび議員会館などで意見交換したことがある。

ちなみに、そのときの牧野氏の話だと、在京の中国大使館の政治担当公使が何度となく議員会館にやってきては、「訪中したら共産党首脳に会わせる」「訪中すれば、中国各地の観光地をご案内する」と懐柔されたという。

それをやんわり断ると、今度は手のひらを返したように、なぜ日中友好に協力しないのか、議員としての立ち位置がどうなっても知らないぞ——などと恫喝されたと言っていた。

また、同じく聖火リレーの際、長野市の主婦は「小学1年生の長女と手作りの日の丸を作って聖火リレーを見に行ったけど、畳《たたみ》ほどもある大きな中国国旗ばかりで圧倒され、怖くなったので娘に日の丸を振るのをあきらめさせた」と答えている。

さて、中国人をはじめとする外国人留学生に対しては、2018年度の文科省予算を見てみると、「優秀な外国人留学生の戦略的な受け入れ」との項目で、勧誘から奨学金制度、就職促進などで、計263億5900万円を計上している。これに対し、日本人学生の海外留学支援制度としては、わずかに81億1400万円が計上されているだけだ。

もし、外交的配慮が背景にあるのなら、希望者は少なかろうが、日本人留学生も同じ規模で中国の大学が受け入れ、優遇しなければ、相互主義にもとる。

「大学の教授や院生より、むしろ小学校の先生を大事にしなければいけない。小学校の先生が白紙の子供を教えるのだから」

これは、田中角栄元首相の名言である。

言い換えれば、「反日という色のついた大学生（特に中国共産党系の留学生）を大事にするよりも、中国政府に対して色のついていない純真な中国人の子どもへの反日教育をやめさせることに、頭とカネを使った方がよっぽど利口だ」となる。

凶暴化する「千葉の中国人」

いつか平和な日常が暴徒化した中国人らに破壊される日が来る——。そんな想像したくもない「近未来」が脳裏をよぎる。

さきにも少し触れたように、ヨーロッパでは2007年4月、ファッションの街イタリア北部のミラノ市で、駐車違反の切符を切られたことに腹を立てた中国人移民の女性が暴れ、これをきっかけに中国人が暴動を起こし、イタリア人警官14人が負傷した。16年には、フィレンツェ市衛生当局と警察当局の工場への立ち入りに腹を立てた中国人移民300人が暴れた。

イタリア政府は18年6月、地中海をゴムボートなどで漂流していたアフリカ移民らが乗った船のシチリア島への寄港を拒否して、国際的な非難を浴びた。この、イタリア政府の断固とした対応の背景では、10年前にミラノやフィレンツェで起きた中国人移民による暴動がトラウマとなっていたのは間違いない。

マクロン仏大統領の批判に対し、コンテ伊首相が「移民問題に目をそらす国から、偽善的な説教を受けるいわれはない」と反論したのは小気味よい。逆にマクロン氏から「イタリア人を傷つけるつもりはなかった」との、事実上の謝罪に近い言葉を引き出した。

イタリアには過去5年間で、中東やアフリカから60万人以上が流入している。他のEU加盟国が受け入れに応じず、国内で滞留する移民への不満が高まっていた。

このように、国内外で起きている中国人をめぐる暴動を念頭に置いた上で、まずは、千葉市美浜区の住人の声を聞いてほしい。本書における筆者の報告が、いたずらに危険や住民間の対立を煽《あお》るものなのか。そうではなく、近未来にわが国で起こりうる忌まわしい事態への警鐘なのか、読者に判断してほしいからだ。

気温36度はあろうかという18年8月5日と6日、31日の3回、千葉市美浜区JR稲毛《いなげ》海岸駅周辺に位置する高浜と高洲エリアを訪ねた。

新たなチャイナ団地として知られる千葉市美浜区高洲エリアの県営住宅＝2018.8.5、千葉市美浜区
（※以下、特に記載のない写真は、すべて筆者による撮影）

「チャイナ団地」として知られる埼玉県川口市の芝園《しばぞの》団地に負けるとも劣らず、中国人が多く住む団地として地元では有名だからだ。

5日夜、駅近くの公園に向かうと、盆踊りをやっていた。昔ながらの屋台が並び、射的や金魚すくいに、浴衣《ゆかた》を着た子どもたちが群がっている。太鼓を叩くやぐらの周りを露天に沿って何周かしたが、中国語はいっさい聞えてこなかった。友人同士の話し声や身なりなどから、ほぼ100％、日本人だった。

子連れの日本人男性に聞くと、「中国人？　この辺りにたくさん住んでいるけど、祭り会場では見ませんね」と話す。中国人だらけの光景を想像していたので、正直言って、やや拍子抜けした。

周辺は5階建ての団地が数えきれないほど林立する。翌朝、団地周辺を歩くと、自転車に乗った中国人の母子連れや中国人老夫婦とすれ違った。息子夫婦などに呼ばれて中国から扶養家族として来日したのだろうか。伏し目がちに筆者と会釈を交わしたが、日本語が分からないらしく、話しかけても答えてくれなかった。団地は見たところ、ゴミ捨て場も分別され、自転車置き場や共用スペースも、きれいに使用されていた。

「中国人が横暴で困っている」――。事前にキャッチした情報と違うので腑に落ちないと思ったが、このときはお互いの都合で会えなかった自治会長に、31日に直接会って実態を聞くことができた。

この団地を乗っ取ってやる

「団地を乗っ取ってやる」――。これは、中国人住民が日本人住民に言い放った暴言だ。

千葉市美浜区の、高浜県営第2団地の自治会長に就任して13年近くになるという、主婦の鈴木孝子さん（59）は、日本人住民がマナーの悪さを指摘した中国人に、こう言い放たれたと憤慨しながら語ってくれた。

まさかそこまで酷いことになっているとは思ってもみなかったので、戦慄を覚えると同時に憤怒《ふんぬ》の気持ちが湧いてきた。悪評が立ちながらも日本人住民と中国人が共生しつつある埼玉県川口市の芝園団地と違い、こちらの方が事態はかなり深刻化していた。

詳しく聞くと、「中国人住民は5階から1階の仲間と大声で話す。夜だろうと、朝だろうと時間などおかまいなし。子どもは上階の窓から小便をする。ゴミ出しや静穏を保つことなど、住宅のルールを説明すると逆切れする。ＩＴ企業に勤める高学歴で教養が高い人が住んでいるとか言われているが、そういう人ばかりが住んでいるわけではないし、マナーの悪さは変わらない」と嘆く。共用の庭先でルールを無視して勝手に菜園をつくる中国人も少なくない。中には、他の団地から乗り込んできて畑をつくる中国人もいるという。

千葉市美浜区の高浜団地では、中国人たちが勝手に菜園をつくっている＝2018.8.31、千葉市美浜区

高浜県営第2団地は、自治会による住民調査の結果、中国人居住者が5割を超えた。市の統計と実態がかけ離れているため、中国人が5割を超えることを示す住民名簿を県に提出したが、「中国人は25％しかいない」などと言って、まともに取り合ってく

れなかったという。この千葉県の言い分は、中国人住民の割合が少ないなら、一部の中国人がどんなにマナーの悪いことをしても別に構わないと言わんばかりだ。

偽装結婚も流行っているという。結婚して団地に住むものの、日本国籍を取得し、日本語の出来る「偽の夫」は他県に転居し、日本語も出来なければ海外に住んだこともない元妻だけが残る。この妻が、中国本土から家族や親戚を呼び寄せることもあるのだという。

中国人をはじめ、来日した外国人は3カ月以上滞在すれば健康保険に加入でき、日本人が受けられないような医療保険を利用し、癌や心臓手術など高額な治療を受ける悪質なケースも出始めている。生活保護や外国人手当てをもらえるため、「仲介手数料をとって、呼び寄せビジネスを展開している」者もいるという。

この問題については後述するから、ここでは団地の問題に焦点を当てる。

まず、団地で集団生活する上で最も心配されるのが、災害のときだ。

だが、災害が起きたら大変だ――ではなく、すでに大変なことが起きていた。2011年3月11日の東日本大震災。中国人の粗暴な態度が表面化した。このエリアは海に近く、激しい揺れで地面が沈下し、マンホールが噴水のように飛び上がったという。

さきほどの鈴木さんは言う。

「東北地方は被害がもっと大きいからどこも報道してくれなかったが、大型スーパーのイオンでは中国人による盗みが横行した。レジの順番待ちも関係なく、コメなどの食料品や生理用品を盗み出していた」

災害のときだけではない。団地の敷地内に駐車してあった車に、ベビー用品のおむつが窓にへばりつくまでぎゅうぎゅう詰めされていたり、部屋中が転売目的のおむつであふれかえっていたのを、中国人ヘルパーが目撃したこともあるという。

また、粗大ゴミを盗んできては鉄屑だけを奪って販売するので、トラックの乗り入れを禁止したが、これもイタチごっこだ。

さらにタチの悪いのが、中国本土から呼び寄せられた、高齢で無職の中国人だという。言葉の問題もあるのだろう。地元に溶け込もうとしないのは仕方ないが、自治会でゴミ出しのルールや大声を出さないなどのルールを日本語と中国語の両方で書いたチラシやポスターをつくっても、日本語はおろか、中国語も読み書きできず、「読んでいない」「聞いていない」の一点張り。それなのに、チラシに書いたお祭りの抽選会は知っていて、景品をもらいに来ては繰り返し列に並び、何度も同じ景品をもらおうとするというから呆れる。本当に字を読むことができないのか、知っていて守らないのか、区別がつかないそうだ。

鈴木さんは、会長に就任して以降、中国人相手に交流会や茶話会、日本語の勉強会などを催してきたが、「効果はない。彼らは決して日本文化になじもうとせず、地元住民と交流しようとも考えていない」とこぼす。

それどころか、県に直接指導してもらおうと話し合いを持ったときのことだ。逆切れした中国人が右手の拳《こぶし》を固めて、鈴木さんを威圧したというではないか。そして、「中国人男性の右手の拳が震えているのが見えた。私を殴ろうとした。私はどうなってもいいと覚悟を決め、郷《ごう》に入っては郷に従え、ルールを守るべきだと、言うべきことを言った」と語ってくれた。

鈴木さんら、中国人住民の狼藉に頭を抱える千葉市の住民らに対し、だれが「多文化共生」などと、美辞麗句で説教できるだろうか。

自治会では月1回、町内の清掃をする決まりだが、ある高学歴の40代の中国人は「なぜ清掃に参加しなければならないのだ」と言ってきかないという。そこで、自治会総会で罰金3000円をとることにしたという。

UR都市機構（独立行政法人 都市再生機構）の自治会と違い、県営住宅は自治会への加入が義務づけられている。ただし自治会費は、月わずか1000円。

こんな不良外人は入居させなければ良いのだが、ほとんどフリーのURに比べて、県営住宅には保証人がいる。敷金、礼金も1カ月ある。しかし、この保証人制度がデタラメで、店子《たなこ》が問題を起こして保証人に電話しても、中国人の保証人が「なぜ、私に電話してくるんだ！」と逆切れし、県も手を焼いているという。ちなみに、家賃は1万5千円~2万5千円が相場だ。

今夏の祭りには市議、県議、国会議員も来た。県議は折に触れて千葉県議会の一般質問で質問してくれるというが、県の反応が鈍いため、住民の苛立《いらだ》ちは募《つの》るばかりだ。

埼玉には元祖「チャイナ団地」

ＪＲ蕨《わらび》駅から徒歩約10分の埼玉県川口市芝園町。ＵＲ都市機構の賃貸住宅「川口芝園団地」は、中国人居住者の多さで知られる。

川口芝園団地の住人がそのほとんどを占める芝園町の人口は、２０１６（平成28）年1月１日現在で、日本人２５０７人に対し、外国人２５６８人と、外国人居住者の数が上回った。１９９０年代には外国人は入居不可だったのが、２０００年代に入って中長期の在留資格を持つ外国人も借りることが出来るようになったためだ。礼金なし、仲介手数料なし、保証人・保証料なし、更新料なし――という「ないない尽くし」の賃貸制度が、外国人、とりわけ中国人入居者が激増する理由になっている。

日本人より中国人住民が多くなった芝園団地
＝2018.8.6、川口市芝園町

川口芝園団地の物件は、家賃5万4千円～12万円で、間取りは３Ｋから３ＤＫ（33平方メートル～75平方メートル）。中国人入居者が急に増え始めた7～8年前はゴミの出し方や騒音をめぐるトラブルが絶えず、大小のマスコミに「チャイナ団地」として頻繁に取り上げられてきた、いわく付きの団地だ。

都市再生機構法の第3条をみてみよう。少し長いが引用する。

「機能的な都市活動及び豊かな都市生活を営む基盤の整備が社会経済情勢の変化に対応して十分に行われていない大都市及び地域社会の中心となる都市において、市街地の整備改善及び賃貸住宅の供給の支援に関する業務を行うことにより、社会経済情勢の変化に対応した都市機能の高度化及び居住環境の向上を通じてこれらの都市の再生を図《はか》るとともに、都市基盤整備公団から承継した賃貸住宅等の管理等に関する業務を行うことにより、良好な居住環境を備えた賃貸住宅の安定的な確保を図り、もって都市の健全な発展と国民生活の安定向上に寄与することを目的とする」

最後の部分、「都市の健全な発展と国民の生活の安定向上に寄与すること」の部分が白々しく聞えてしまうのは、日本人居住者が減って中国人が増えていくことが、都市の健全な発展とは思えないからだ。

一時期、中国人観光客による百貨店や家電量販店、ドラッグストアでの〝爆買い〟が注目を集めた。しかし今、中国人と言えば、都会の過疎地でひっそりと、ときに大胆に暮らす中国人居住区の存在だ。首都圏の足元にこうした日本人過疎地が存在し、中国人が流入しているのである。中国人流入は離島や地方にある過疎の町村ばかりではなく、首都圏のど真ん中に生まれつつあったのである。

戦前、わが国をはじめ欧米各国に租界地をつくられた中国が、今度は仕返しとばかり、首都圏のど真ん中に租界をつくろうとしているかのようですらある。

見て見ぬふりのUR

その一つが川口芝園団地だ。

現在はどうなっているのか、現地をみてみようと、酷暑の18年8月6日、前日の千葉市美浜区に続き川口芝園団地を訪れた。

盆踊りの準備が始まった芝園団地
＝ 2018.8.6、川口市芝園町

商店街前の広場では、盆踊りのやぐらを組み立て中で、声をかけると、作業をしているのはみな、団地に住む日本人だった。業者に頼むと費用がかかるため、団地の和太鼓クラブやテニスクラブなどの素人有志が集まり、炎天下で黙々と作業を続けていた。

そのうちの1人に聞くと、団地の中国人2500人のうち、1人か2人、組み立てを手伝ってくれる人もいるが、ほとんどは手伝うわけでもなく、お祭りにも参加しないのだという。

15棟1階の集会所に行くと、中高年のご婦人らが楽しそうに集まってきた。盆踊りの打ち合わせと練習をするのだという。中国人も参加するのかどうか聞くと、「分かりません」「日本人だけではないか。興味なさそうだからねぇ」などと答えてくれた。

祭りに参加するのは、千葉市美浜区の団地中国人と同様、全員に景品が配られる抽選会のときだけだ。一度景品をもらっているのにまた、列の最後尾に子どもを並ばせたり、自分で並ぶところも一緒だ。

問題なのは、団地に住む2500人を超える中国人のうち、自治会に入会しているのが、わずか30人しかいないことだ。これはつまり、カネも出さずに、団地内の清掃や祭りなど、日本人の行う行事に「タダ乗り」することを意味している。そこに、日本人住人の不満がくすぶる。

「郷に入っても、郷に従わない」

さすがは中国人である。自分たちが住むところが中国だという彼らには、「郷に入っては郷に従え」という故国の格言など、どこ吹く風のようである。

彼らに言わせると、自治会に入らない理由について、「中国には自治会のようなものはなく、会費も払ったことがないから入会しないし、会費も払わない」という。洒落《しゃれ》にならないのは、「中国では、14人以上が集まると集会を禁じた国内法に抵触し、官憲に連れて行かれてしまう。だから嫌だ」というものだ。

ここは日本である。筆者は部外者であり居住者でもないが、この、何でもありの屁理屈には、あきらめを通り越して苦笑してしまう。

ただ、裏手のゴミ集積所に回ると、かつてネットなどで告発されていたような汚れなどは見られなかった。自転車置き場も整然と駐輪され、むしろ、想像以上にきれいだ。

団地を管理するUR都市機構や自治会が日本語と中国語、英語で貼り出しをし、ゴミ分別の仕方などについて理解を求めてきた効果も出始めているようだ。少なくとも、数年前のネットの書き込みにあったような「日本人vs中国人」のような対立の構図は顕在化していなかった。

ただ、いっこうに改善されないのが、騒音だ。中国人居住者は、朝早くて夜遅い。階段の踊り場や通路、自室の窓を開けたまま、ところ構わず大声で話すため、不運な日本人住民は、近隣の中国人住民とのトラブルに頭を抱えているという。千葉のケースと同じだ。

たまりかねた日本人住民が管理者のURに対し、こうした中国人家族に注意してほしいと苦情を言っても、URはいっさい仲介せずに、「自分たちで解決してほしい」とか、「恐かったら警察を呼んだら良い」などと取り合ってくれないのだという（日本人住民の話）。

また、どうみても第三者に又貸ししているような部屋も散見されるというが、URは知らぬ存ぜぬ、見て見ぬふりだという。

入居実態をきちんと把握することは、国籍差別でもなければ人種差別でもない。法治国家なら当然のことであり、むしろ、独立行政法人を名乗るURの義務である。人手が足りないというのは理由にならない。

筆者に言わせれば、URは国土交通省の天下り先としては重宝だろうが、その本来の使命は、すでに終わっている。前身の日本住宅公団が高度経済成長期、地方から都会に出てきた就労者のために安定的な賃貸住宅の提供を役目としていた時代は過ぎ去った。存在意義があると言うのなら、お役所仕事の、なあなあの、ことなかれ体質を改める必要がある。

「このままでは団地を中国人に乗っ取られてしまう」

危機感を強めた日本人住民らが、中国人の入居をせめて3割程度に抑えてもらえないかとURに要請したが、UR側は「中国人を入れるのは国策だから仕方がない」(団地の日本人住民)と言って、まったく取り合ってくれなかったという。

美談仕立てで臭い物にフタ

そんな中でも、ただ排除したりいがみ合ったりするのではなく、お互いに顔見知りになり、仲良くなろうという試みとして、学生ボランティアによる「芝園かけはしプロジェクト」が発足した。プロジェクトは、芝園団地を「将来の日本の縮図」ととらえ、自治会と協力して落書きされたベンチを塗り替えたり、ペットボトルを使ったランタンづくりのイベントなどを開催した。

芝園団地自治会の岡崎広樹事務局長は、川口市が発行する「広報かわぐち」2018(平成30)年8月号のインタビューで、「中国人住民の多くはIT企業などに勤めていることが多く、仕事で日本語を使う人はある程度話せますが、専業主婦などは日本語が話せないことが多い。

ただ、防災講習会など、しっかりコミュニケーションを取ればイベントにも参加してくれるのだと実感することができた」と答える。

また、「郷に入っては郷に従えという言葉があるが、日本人はその『郷』をしっかり説明していないのではないかということに気づいた。伝えたいルールがあれば、分かりやすく相手に伝わるように説明することが重要だ」と力説する。

外国人との共生については、「育ってきた環境が違えば行動や考え方が違うのは当たり前のことであり、問題が起きるのも仕方がないことかもしれない。時間はかかるがお互いに文化や習慣の理解を深めていくことによって、少しずつ問題を解消していくことができると思う」と話す。

岡崎氏は大学卒業後、7年務めた商社を辞め、「チャイナ団地」と呼ばれ、騒音やゴミの分別が問題となっていた芝園団地に興味を持ち、2014年から団地に居住しているという。実際に住んでいるだけに、言うことになかなか説得力がある。

こうした日本側の「多文化共生」に対する取り組みが評価され、「(公財)明日の日本を創る協会」の2015年度「あしたのまち・くらしづくり活動賞」の総務大臣賞を受賞した。また、17年度は、外務省の外郭団体「国際交流基金」から「地球市民賞」を受賞した。受賞理由は、「コミュニティが直面する課題に対応する多文化共生の先進的事例」として、「交流イベントの開催や中国語SNSを活用した情報発信など、自治会のさまざまな取り組みの結果、中国人の自治会役員も登場するなど、共生の意識の根付く活気にあふれる団地となった。（中略）日本人住民と外国人住民とで試行錯誤を積み重ねてきた本自治会の取り組みは、これから日本全国のコミュニティが直面する課題に対応する新たなモデルとして意義がある」というものだった。

しかし、取材中という身分を明かさずに筆者が雑談で話を聞いた一部の住民からは、しらけた空気が漂ってきた。

臭い物にフタをしようとする政府主導の美談仕立てのストーリーに、どこか、いかがわしさを感じているからではなかろうか。

老華僑と新華僑

では、現実はどうなのだろうか。

祭りの準備に忙しい川口芝園団地の自治会長、韮澤勝司《にらさわかつじ》さん（73）は、額の汗を拭いながら、蒸し返るような自治会事務所で、「ひところに比べ、ゴミの分別など、ずいぶん問題が解決してきた。ただ、（盆踊りの）やぐらづくりとかへの協力を呼びかけても、中国人はほとんど手伝ってくれない。せめて自治会に入ってくれたら交流も深まるのだが……」と、ぼやく。

次に、団地内にある中華料理屋に入ってみた。28歳だという、見た目も爽やかな中国人青年、李清明（仮名）さんと相席した。聞くと、中国南部の出身で、ＩＴ企業に勤めるエンジニアだという。中国勤務時代、日本にたびたび出張に来て、日本で働きたいと思ったという。日本語も、日常会話なら大丈夫だ。

今日は休みだというから「祭りのやぐらづくりを手伝ったらどうか」と言うと、李さんは「まったく興味がない。暑いから部屋で寝そべっている」と、流暢《りゅうちょう》な日本語で答えてくれた。以前は横浜市JR桜木町駅周辺の日本企業に勤めていたというので、横浜中華街の話をすると、「1回しか行ってない。興味ないし」と言うから驚いた。安くて美味しい中華料理なら、横浜市内の自宅近くにたくさんあるから、観光客だらけの中華街にあえて行きたいと思わなかったと言う。

これは中国人移民を考える上で重要な証言である。この証言から彼が、古い世代の老華僑ではなく、「ニューカマー」と呼ばれる新華僑であることが判明したためだ。中国では古くから、海外に移住した中国人のことを「華僑」と呼び、このうち、中国本土に戻ることなく移住先の国籍を取得した者を「華人」と称するようになった。

そして、華僑には老華僑と新華僑がある。

元々は中国大陸出身の在日中国人を旧華僑と呼び、さきの大戦後、中国籍を回復した台湾出身の在日中国人を「新華僑」と呼んでいたが、現在、「新華僑」とは、この李さんのような、中国本土の比較的裕福な家庭で育ち、留学目的や就職目的で来日し、大学院などで専門的知識を得て日本企業で技術職につく者を言う（「華人ニューカマーによるエスニックコミュニティの郊外化」２０１３年度ゼミ論文、早稲田大学文化構想学部、薗田悠氏）。

さて、李さんと話しながら、確かにIT企業に勤める住人が多いというのはウソではないな、こういう中国人が多いなら治安の心配もいらないだろうし、日本人ともうまくやっていくのだろうな――と思いながらラーメンの汁をすすっていたそのとき、肩の袖口から手首まで、びっしりと入れ墨をした男性が、女性と一緒に入ってきた。中国語で話しているから中国人だろう。かなり恐い雰囲気だ。コミュニケーションもへったくれもない。

ただ、こういう恐い人は、たとえ日本人でも恐いんであって、気になるのは、学歴も所得もそこそこ高い、李さんのようなケースなのだ。

自身の文化や生活様式を変えようとすることなく、マイペースの生活を謳歌する。日本語は学ぶが、日本人と付き合うのは面倒くさい。子ども同士なら遊びを通して交流もできようものだが、新華僑と呼ばれる彼らのメンタリティは、自分たちだけのコミュニティをつくり、地元に溶け込もうとしない点で、旧華僑のそれと何ら変わらない。違うのは、旧中華街周辺に群がろうとせず、通勤に便利な郊外を志向し、そこに新たな中国人コミュニティをつくりたがる点だ。

店内には他にも、中国人の高齢者が食事していたが、彼らはどう見てもIT企業のエンジニアではなさそうだ。むしろ、先乗りして来日した息子などに呼ばれて同居しているのではないかと思われる。中国人が海外に拠点をつくる際の、典型的な「呼び寄せ」だ。

自治会長の韮澤氏によると、現在はJR西川口駅に中国人が集まり始め、芝園団地が昔経験したゴミ出しや騒音トラブルが起きつつあるという。

筆者が芝園団地に向かうため、京浜東北線でJR蕨駅を目指していたとき、途中の西川口駅でURのビニール袋を持った中国人とみられる男性が降りたが、なぜ西川口駅で降りたのか、これで合点がいった。人気の芝園団地は満室状態なので、西川口駅周辺のURで賃貸物件を探しに来たのだろう。

実際に住み、中国人を含む外国人らと対話を重ねてきた人でないと分からない苦労というのは、山ほどあるに違いない。しかし、筆者が現地を見て、李さんや日本人住民の本音を聞いて感じたのは、他国に来ておきながら、どこまでも相容《あいい》れない中国人のマイペースぶりだ。人口流出し、高齢化する日本人住民と、どんどん増える家族連れの中国人。

近い将来、団地のほとんどが中国人移民、という日が来ないとは言いきれない。

中国人住民による「数」の脅威

この日筆者は、団地内を何棟も見て回ったが、100世帯以上ある郵便受けに名前が書いてあるのは、日本人の数世帯だけ。ほとんどは無記名だから、おそらく中国人なのだろう。日本人同士でも、都会ではお互いに干渉しないが、何事にも程度というものがあろう。5000人もの住人がいるとは思えない、不気味な感じがした。

ここで、ある折れ線グラフを想像してほしい。横軸が年数、縦軸が人口だとすれば、日本人の住民は右肩下がりで、中国人住人は右肩上がり。2つがクロスしたのが2015（平成27）年11月。すなわち、中国人の住人数が日本人を逆転したときだ。今後、この傾向は加速する。比率が開けば開くほど、日本人は息苦しくなって、出て行く人が増えるだろう。

こうした状況で地震などの災害が起きた場合、助け合うことはできるのだろうか。相手は、祭りの抽選で景品交換にズルして何回も並ぶ中国人たちだ。

配給物資を殴り合い、怒鳴り合いで奪い合う姿が目に浮かぶ。日本人が1割などという状態になったら、すべてにおいて後回しされるのが日本人、特に高齢者だということを、外務省や総務省、URの関係者は想像してほしい。

もっと恐ろしいのは、都心に立ち並ぶ、いわゆる「億ション」の数々だ。すでに最上階は高所得の中国人らが購入しているという物件も少なくない。これらのマンションも、いずれは少子化で日本人の住人がいなくなり、このまま、日本政府が留学生来日の元栓を締めるなどしない限り、中国人に合法的に占拠されるだろう。

そうなったら、そのマンションは外交特権なみの治外法権と同様なエリアとなり、六本木ヒルズなど都心のど真ん中に、新たな中国人〝租界〟が誕生することになる。

埼玉県の芝園団地といい、千葉県の高洲・高浜団地といい、何の変哲もない街の風景だが、その方が不気味に感じる。ゴミ出しの問題とか、騒音とかで日本人住民とトラブルを起こしている方が、まだ分かりやすい。彼らの顔が日常的に見えるからだ。

しかし、日本社会や地元の生活に溶け込もうとせず、中国人住民の数だけが増えていく現状を目《ま》の当たりにすると、水と油、決して交わることのない分断された息苦しい社会を、そこに見るような気がしてならない。

確かに、URの存在意義には疑問符をつけた。しかし、URだって、そこに賃貸物件があり、入居条件を満たす外国人が入居を申し込めば、断りようがないのも事実だ。日本政府だって「留学生30万人計画」などと旗を振り、ニコニコ顔で呼び寄せておいて、中国人留学生らに「住むところはありません」とは言えないだろう。

URや県営、市営住宅を管理する地方自治体は、入居を断るのが難しいなら、入居した中国人が中国本土から親を呼び寄せたり、第三者に又貸ししたりするのを防ぐ約款《やっかん》づくりを検討すべきである。

第2、第3の芝園団地が今後も増え続けていくのは目に見えている。イタリアのように中国人の暴動が起きるまで、日本政府は頬かむりを続けるのだろうか。中国人が暴動を起こしても、日本人住民や警官が負傷しなければ、日本人は他人ごととして見て見ぬふりを続けるのか。

中国人にも人権はある。合法的に入国した中国人が合法的な商取引を行うことに対して無理な法の運用をすると、人権問題に発展しかねないし、欧州で起きたように、彼らの怒りがささいなことをきっかけに爆発しかねない。そうなったら手遅れなのだ。

ドイツでは2018年9月1日、東部ケムニッツで、移民排斥を求める極右支持者や移民受け入れ反対派ら8千人が独メルケル政権に対する抗議デモを行い、警官隊と対峙する一触即発の非常事態となっている。

国家が責任を持って、問題の芽をつむ手を打つしかないのである。

日本の医療保険制度にタダ乗りする中国人

ここまで、千葉市美浜区や埼玉県川口市のチャイナ団地のケースを見てきたが、さらに見過ごせないのは、高額な医療を安く受けるために来日する中国人が増えている驚愕の実態だ。

医療保険制度は、われわれ日本人が毎月保険料を支払うことで成り立っている。ところが、保険料をまったく払ったことのない中国人らが法の抜け穴をくぐり、中には400万円もの医療費をわずか8万円の自己負担で済ませ、治療後には中国に帰国するという「ヒット・エンド・ラン」が跋扈《ばっこ》しているのだ。

これも、福田内閣以来、自民党と公明党の連立政権が進めてきた外国人留学生の国内受け入れの結果であり、言うなれば医療保険の「タダ乗り」だ。

日本の医療制度も知らなければ、日本語も話せない、そんな中国の地方から来た人物が受診できる背景には、仲介業者の存在がある。

中国語のWEBサイトには、中国人でも日本の保険を利用できると宣伝するサイトが林立し、

「来日後に病気になったと言えば保険で治療は受けられる」「来日目的が治療であることを隠し続けることが大事だ」などと〝アドバイス〟している。

長年、都内の公立病院で外国人医療に関わってきた医療関係者が匿名を条件に話してくれたのだが、中には、留学名目で来日して保険で高額な治療を受けた人もいたと証言する。分かっているだけでも、その数150人近く。

例えば、ある中国人男性の場合、日本語学校で学ぶといって来日して保険証を取得したところまでは良い。しかし、この中国人男性は重度の腎臓疾患で、入学して半年もしないうちに手術を受けたことから、来日の目的が初めから治療目的だった疑いが持たれている。だが、医療現場とすれば、患者がどういう目的であれ、目の前に保険証があって患《わずら》っている病人がいれば、治療を拒否する理由はない。医療現場には、どうしようもないのだ。

極端なのは、留学目的で来たはずの中国人が、入学式の翌日に入院したケース。しかも、来日前から病院を予約していたというのだから、開《あ》いた口がふさがらない。

また、NHKの報道によると（2018年7月23日、クローズアップ現代）、12人の外国人が、同じ住所で扶養されているとして保険証を取得したが、間取り2DKに12人が生活するのはどう考えても不可能で、居住実態がなかったケースもあったという。

忘れてならないのは、高額の治療費が安く抑えられるのは、われわれ日本人が健康保険料をコツコツと払っているからだ。

国民の医療費は２０１５年現在で42・３兆円、１９８９年の2倍にのぼり、年々増え続けているのが実情だ。このため、保険料だけではまかないきれず、40％近くは税金が投入されている。

こうした不公平な事態に、行政も危機感を募らせる。実際に中国人と面談する区役所の窓口レベルほど危機感は強く、霞が関の厚労省など中央の関係部局ほど動きは鈍い。放置しても異動の時期が来て担当が替わり、後継が何とかしてくれると考えているからだ。まさに「お役所仕事」と言われるゆえんで、どんなに優秀でどんなに良い仕事をしても、将来的な天下り以外のインセンティブはなく、給料も上がらない。

本当に危機感を持ったのなら、それを改善すべく立法化に向け、かつて族議員と呼ばれたような専門知識を持った議員に、立法を働きかけるなどの努力をすべきである。

さて、都内の現場では、保険証を取得して1年以内に高額な治療を受けた外国人を追跡調査し、何の目的で入国したのか、病気にかかった時期はいつなのかを調べ、「保険証の取得に詐称はないかどうかを確認する自治体が増えてきている」（さきの医療関係者）という。

しかし、本人が医療目的だと認めるケースは皆無で、仲介業者の「黒いアドバイス」が徹底しているとみられている。

さきの関係者によると、国民健康保険の窓口で、中国人本人が留学目的だと言っているのに、「実は医療目的だろう」などと聞いたりしたら即アウト。〝人権派〟の弁護士らが出てきて話がややこしくなるとして、聞くべきことも聞きにくい状況に直面しているという。

ただ、厚生労働省は、健康保険組合が扶養を審査する際、仕送りしていたことを示す証明書を求めるなど対策を強化した。自民党もプロジェクトチームを立ち上げて勉強を始めているが、やはり動きは鈍い。

こういう場合は、日本以上に移民の問題を抱える諸外国の例にならうのが手っ取り早い。英国では、3年前からヘルス・サーチャージという制度が導入された。「外国人の排斥につながる」という議論が起きる中、半年以上の滞在が見込まれる外国人には年200ポンド（約3万円）の支払いを義務づけ、医療費にあてるよう法改正した。

こうした現状を見ても分かる通り、そもそもわが国は、中長期の国家の根幹にかかわるあり方として、移民制度の是非を真正面から議論してこなかった。国民不在のまま政府主導で一方的に、移民の定着を解禁してきたといっても過言ではない。

日本は幕末に開国したように、今また移民レベルでそろりと外国人に門戸を開き、脇も締めず野放図に、第2の開国に乗り出しているのである。

さきの医療関係者は、「国を開くからには体制の整備が不可欠だ」と語る。

ズルをしてまで高額の医療を安く受ける中国人の触法行為は、見逃してはならない。今すぐやめさせる方策を考えるべきだ。この分野でわれわれ日本人は、新たな医療制度の構築に向け、わざわざ「高い授業料」を彼らに払ってあげるいわれはないのである。

第二章　孔子学院は中共のスパイ機関なのか

きっかけは天安門事件

孔子学院は「一つの国に一つ」という原則のもと、世界各地での拠点化に乗り出した。ところが、それがわが国の場合、立命館大学と桜美林大学の誘致合戦が激化し、「一つの国に複数の孔子学院」に方針転換した。

孔子学院は、「中国政府が２００４（平成16）年、中国語教育の国際化推進と中国文化の紹介のために立ち上げた国家プロジェクト」（桜美林大学孔子学院ホームページ）である。

ドイツには、ドイツ語の普及を通じてドイツの歴史や文化を世界に発信する「ゲーテ文化センター」がある。これをまねたのかもしれないが、共産主義を掲げる中国共産党政権が儒教の元祖を担ぐ構図は、ブラックジョークそのものだ。米国やオーストラリアなどでは、孔子学院が中国共産党の海外宣伝窓口であり、スパイ機関だと批判されているから、なおさらである。

1990年代、ジョセフ・ナイ米ハーバード大教授が、軍事によらない「ソフトパワー」の効用を説いたが、中国共産党政権は、この孔子学院とCCTV（中国中央電視台）を「中国のソフトパワー拡大の〝車の両輪〟」と位置づけているほどだ。

さて、その孔子学院だが、日本の文科省に相当する中国政府教育部と中国国家漢弁（ハンバン＝Han-ban）・孔子学院本部による直接支援を受け、思想家・教育者・哲学者としても世界的に有名な「孔子」の名を借りて世界各国に設立されている、本格的な中国語教育機関だとしている。桜美林大学のホームページにある孔子学院長らのあいさつからは、日中の文化交流と両国の親善にかける熱意がよく伝わってくる。

だが、後に詳述するが、日中親善の旗を振る教育者らが、こうした善意に満ちあふれているだけに、タチが悪いのである。こうした善意に基づく「熱意」が、あらぬ方向に行ったとき、わが国の教育現場に与える悪影響は計り知れないからである。

なにしろ、人権を抑圧し、天安門事件やチベット弾圧をなかったことにしてしまう中国共産党が指導する中国教育省と足並みをそろえて、どんな人間が育つというのか。だれにとって役立つ人間が育つというのか。中国共産党に役立つ人材を日本国内で養成することになるのだとすれば、その害悪は計り知れない。

こういう問題こそ、一刻も早く、深く、国会で取り上げるべきなのであるが、与党も野党議員も北京に遠慮して腰が引け、議論どころではないのであろう。また、孔子学院側も逃げずにしっかり説明することが、学院スタッフを誹謗中傷から守ることになるのである。

筆者は、日本全国14カ所にある孔子学院すべてに簡易書留で取材を要請したが、取材拒否の回答を寄越したのが京都市内の立命館孔子学院だけで、あとはナシのつぶて。超多忙なのか、あるいは、巷間言われているように政治的、文化的なスパイ行為など、よほどやましいことがあるのではないかと思いたくなる。

実際、警察庁関係者への取材によると、日本の孔子学院は、優先順位のかなり高い監視対象になっている。日本の治安当局から見れば、地下に潜伏してるわけでもないので、「過激派などに比べればかなり監視は容易だ」（関係筋）という。

一方、海外に目を転じると、2015年12月までに、134の国と地域で、500の孔子学院、1000の学堂が設立されている。

だが、2018年7月10日現在、孔子学院本部のホームページによれば、当初の予定から大幅に後退し、国と地域は25カ国減って109カ国、孔子学院は70校減って430校となっている。それでも、小中学校にある孔子学堂は1000以上にのぼる。

しかし、孔子学院を「中共にとってのソフトパワー戦略の一環で、民心や研究者、政治家らを籠絡するための工作機関であり、文化侵略のツール」とみる、最大の民主国家であるインドはさすがだ。北京に尻尾を振る国や大学が多い中、1校たりとも設置を認めていない。

孔子学院は、桜美林大学が認めている通り、中国政府が直接支援して成り立っており、これが教師の人事や運営のあり方をめぐって欧米諸国で中国の出先機関、スパイ機関と指弾される理由となっている。

その桜美林大学孔子学院も、偶然なのか、直線で1キロもないところに、防衛省の防衛装備庁と陸上装備研究所がある。さらにその南西方向には、広大な海上自衛隊厚木航空基地と厚木米海軍飛行場がある。まさか、わざわざ東京や千葉方面から、ここには通うまい。孔子学院の多数の中国人教師や生徒、中国人留学生がこの近辺に住んでいても不思議ではない。

だからといって、彼らが何をできるわけでもないだろうが、先述のように中国には、平時でもヒト、モノ、カネを動員して敵国で破壊工作する指令を出す根拠法として、国防動員法がある。毛沢東の言う通り、人口はそれ自体が武器であり、心的圧力としては十分なのである。例えば、8月15日に東京・九段の靖國神社に五星紅旗を持って集まれと北京が号令をかけたら、何が起こるかは想像に難くない。

さて、百聞は一見に如かず――。東京郊外の桜美林大学孔子学院を訪ねた。2018(平成30)年7月11日。東京・新宿から私鉄の小田急線で約40分の町田駅から、さらにJR横浜線で10分ほど。淵野辺《ふちのべ》駅を出たすぐ右手の白い建物の2階に孔子学院がある。事務所近くの教室では授業が行われていた。

ドアには、赤色をした中国の伝統的な装飾品が飾られていた。中には6~7人のスタッフが

桜美林大学孔子学院
＝ 2018.7.11、神奈川県相模原市

いたので受付で声をかけると、男性スタッフが対応してくれ、ラウンジに移動を促された。

突然の訪問に面喰らったようだが、きちんと応じてくれたのには感謝する。彼には発言権はないというので、後日、院長宛てにインタビューの申し込み書を郵送する旨を伝えた。

後述するが、米国やカナダ、オーストラリアでは、孔子学院が不透明だとして閉鎖する動きが出ている。だが、わが国ではせいぜい、産経新聞が18年４月に一度連載したくらいで、大手メディアはどこもまともに取り上げてきたとは言い難い状態だ。その結果、孔子学院の実態について国民の多くが知らされず、知らないままとなっている。

孔子学院は、韓国・ソウルで２００４年に初めて設立された。２０１７年10月時点で英フィナンシャル・タイムズ紙が調べたところ、欧州に１６５カ所、米国１５８カ所、日本や韓国などアジア１１３カ所、アフリカ46カ所、オセアニアに18カ所あるという。

ディープチャイナ（腹黒い中国）戦略

なぜ、孔子学院が雨後のタケノコのように、世界各地で次から次へと設立されたのか。中国を取り巻く内外情勢をしっかり頭に入れておかねば、この疑問に答えることも、中国政府の意図も理解できないだろう。

孔子学院の実情から話はそれるが、大事なことなので、しっかりと記録しておきたい。

まず、中国政府が孔子学院をつくるきっかけとなったのは、「天安門事件」だ。この事件を払拭しなければ、北京オリンピックを開催できず、いつまでたっても野蛮で粗野なイメージの後進国扱いから脱皮できないからだ。「六四《ろくよん》天安門事件」とも呼ばれる。中国・北京市の中心部で1976年4月5日、周恩来が死去したときに発生した「四五《しご》天安門事件（第一次天安門事件）」と区別するためだ。

1989年6月4日（日曜日）、同年4月の胡耀邦元党総書記の死を契機に、天安門広場に民主化を求めて集結していた学生を中心とした一般市民のデモ隊に対し、中国人民解放軍という名の共産党の私兵が武力で人民を鎮圧、多数の死傷者を出した事件だ。

この悪いイメージを払拭する一環として編み出されたのが、中国のソフトイメージ戦略だ。日本政府は、ファッションやアニメなどを海外に売り出す「クールジャパン」戦略を推進しているが、日本が「クール」なら、中国はさしずめ、民主化活動家を弾圧し、人権侵害を放置しながら外面だけを良く見せる「ディープチャイナ」戦略と言えよう。deep には、「ずる賢い」「腹黒い」「抜け目ない」という意味がある。

この孔子学院は、中国政府が資金源となっている通り、そのカリキュラムも、中国共産党政府御用達《ごようたし》の、官製品そのものだ。英フィナンシャル・タイムズ紙によると、孔子学院の狙いはズバリ、「3つのT」から国際社会や世間の目をそらすことにある。

チベット問題、台湾、天安門事件の3つだ。

これらが国際社会から批判され続けている限り、中国でのオリンピック開催など、とてもではないが、おぼつかないからだ。

2008年に中国・北京で夏季オリンピックが開かれたが、開催がIOC（国際オリンピック委員会）で決まったのが2001年7月。1989年に起こった天安門事件の、極度に悪化したイメージを払拭して開催決定にこぎつけたのだ。北京は2000年の夏季オリンピックにも立候補しており、天安門事件後の1993年に行われた投票で3回連続首位を得て最有力とされるも、決選投票でオーストラリアのシドニーに、わずか2票差で敗れていたから、党首脳は小躍りして喜んだに違いない。

恩を仇で返される日本の政治家たち

この決選投票の前年、日本も、天安門事件で傷ついた中国のイメージ挽回に一役買っている。1992（平成4）年、日中国交正常化20周年を記念し、10月23日〜28日にかけ、天皇陛下が初めて中国を訪問されたのだ。

人道的見地から国際社会で批判を浴びただけでなく、経済制裁にあえぐ中国政府に対して、日本政府は何を思ったのだろうか。恩を仇《あだ》で返されるのを知ってか知らずか、中国政府にいち早く手を差し伸べることで、後の日中関係で主導権を握ろうと浅知恵を働かせた可能性があったのである。

これを機に、天安門事件に対して発動された大なり小なりの欧米による投資の引き上げなど、経済制裁も徐々に減じていった。

だが、今でもこのときの天皇陛下の訪中への賛否が、自民党だけでなく、外務省や宮内庁といった政府関係者の間で、くすぶっていると聞く。筆者も、日本政府による天皇陛下の政治利用ではなかったかとみている。

では、天皇陛下の訪中を決めた日本のトップはだれなのか。宮澤喜一首相だ。

官房長官だった加藤紘一、河野洋平の両氏は慰安婦問題で、日本軍による強制連行を認める談話を発表した。この両人は日本を貶める害悪をまきちらしたのだから、彼らを官房長官に起用した宮澤首相は、中国、韓国からのジャパン・ディスカウント（日本叩き）を招いた〝主犯格〟と言えるだろう。1985（昭和60）年9月22日、先進5か国（G5）蔵相・中央銀行総裁会議により発表された、為替レート安定化に関するプラザ合意における大蔵大臣としての活躍は高く評価されて良いと思うのだが、それとこれは別だ。

慰安婦問題だけでなく、こんなところでもジャパン・ディスカウントに貢献していたとは、中国、韓国がどれほど喜んだことだろうか。

小泉純一郎首相（当時）が２００３（平成15）年10月、中曽根康弘、宮澤喜一両元首相に引退を勧告した際、宮澤氏にインタビューしたときには、さすがにテーマが違うのと時間が足りなかったのとで、天皇陛下訪中の話ができなかったのが、取材記者として悔やまれる。

天皇陛下に訪中していただいた宮澤首相の責任は重いと書いたが、これには前段があった。１９９１年8月、竹下登元首相の強い働きかけもあり、海部俊樹首相が訪中し、対中制裁を全面解除していたのである。そして92年には、海部氏の後任となった宮沢首相が、国際社会による中国への制裁の緩和を図るべく、日本国民の強い反対論を押し切って、天皇陛下の訪中を閣議決定してしまった。

このときはまだ、他の西側諸国は中国に厳しい態度で臨んでいたため、天皇陛下の訪中は、西側諸国の制裁を解除させる引き金を引いてしまった格好となった。

実際に中国の銭其琛《せんきしん》元外相は回想録で、天皇陛下の中国ご訪問について、「中国が西側諸国の制裁を打ち破る、最も適切な突破口となった」と書いている。

そこには、外務省のチャイナスクール出身だった加藤紘一官房長官（当時）の後押しも、相当あったと推察される。これでは、天皇陛下の政治利用どころか、天皇陛下を中国の広告塔として利用されたも同然だ。

ところが、さきに書いた通り、この恩を仇で返すのが、中国共産党だ。

天皇陛下訪中の翌93年3月に江沢民が国家主席に就任すると、翌94年には「愛国主義教育実施要綱」を伝達し、反日教育を強力に推進することを決定したのである。その江沢民は、厚顔にも1998（平成10）年11月に来日した際、全国各地の講演で「日本軍国主義」批判を繰り返し、反日行脚《あんぎゃ》を続けた。

なかでも、天皇陛下主催の晩餐会での江沢民の振る舞いは、目に余るものがあった。日中関係に少しでも携わったことのある人の間では、今でも語りぐさだ。中山服を着込んだ江沢民は、天皇陛下ご臨席の晩餐会で、以下のように、無礼なまでの日本批判を続けたのだ。

それはこの年の11月26日の宮中晩餐会でのことだ。国賓として来日した江沢民国家主席夫妻を歓迎する天皇・皇后両陛下主催の宮中晩餐会が、皇居「豊明殿」で約150人が出席して開かれた。この席で陛下は、「貴国とわが国が今後とも互いに手を携えて、直面する課題の解決に力を尽くし、地球環境の改善、人類の福祉、世界の平和のため、貢献できる存在であり続けていくことを切に希望しています」と歓迎の辞を述べられた。

ちなみに、6年前の1992（平成4）年に訪中された際も陛下は、「わが国が中国国民に対して多大な苦難を与えた不幸な一時期がありました。これは私の深く悲しみとするところであります」と、最大限のお詫びの言葉を述べられている。

これに対し、中山服という平服姿で臨席した江沢民は、「日本軍国主義は対外侵略拡張の誤った道を歩み、中国人民とアジアの他の国々の人民に大きな災難をもたらし、日本人民も深くその害を受けた。『前事を忘れず後事の戒めとする』と言う。われわれは痛ましい歴史の教訓を永遠にくみ取らなければならない」と吐き捨てたのだ。

後に、この晩餐会に臨席した中川昭一農水相は「天皇陛下の御前での江沢民の傲慢な態度には我慢ならなかった」と語っている。

江沢民は、翌27日の小渕恵三首相主催の晩餐会でも、「前世紀末から日本軍国主義が幾度も中国を侵略する戦争を起こし、中国人民に巨大な損害をもたらした。歴史を教訓とし悲劇の再発を防止してこそ、友好を発展させることができる」と法螺《ほら》を吹いている。

小渕首相は江沢民との首脳会談で、台湾に関する、①台湾の独立を認めない、②二つの中国を認めない、③台湾の国際機関への参加を認めない、という「3つのノー」や、「日米安保条約から台湾条項をはずす」ことを共同声明に入れろという中国の要求を拒否しているが、もっともなことだ。「過去に対する中国への謝罪」を共同声明に入れることも拒否し、口頭での謝罪にとどめたのも、当然であろう。

また、政府開発援助（ODA）も「5、6年ごとに総枠を決める」という従来のやり方から、他の国と同様に「1年ごとに額を決める」方式に変更し、金額も減らすことで、抵抗する中国側を押し切った。対中ODAがいくら戦後賠償の意味合いがあったとはいえ、巨額の金をもらう方がデカい顔をするのだから、何をか言わんやである。

本来、国賓で招かれた一国のトップが日本国の象徴である天皇陛下の前で取るような言動ではないのだが、戦前、中国・上海《シャンハイ》にいた日本軍の飼い犬に尻を噛まれたトラウマがあるという江沢民のことだ、常軌を逸したモノ言いもしたくなろうというものか。

そんな中国相手に「これでもか」というくらいの媚中外交をやってきたのだから、孔子学院なるものが増殖するのも当然であり、どこまでも日本の政治は、やることが甘い。

なにしろ、二階俊博 現自民党幹事長は2003年、この、天皇陛下を侮辱した江沢民の石碑を建てようとしたのだから、批判されるのも仕方がない。石碑の正式な名称は「日中国交正常化30周年記念碑」だった。さらに、2017年12月には、中国の理系名門大学の清華大学から名誉教授の称号を授与されている。

元防衛庁長官の額賀《ぬかが》福士郎氏は、もっといただけない。村田良平元駐米大使は、自著『村田良平回想録 下巻――祖国の再生を次世代に託して』の中で、自民党の額賀氏らは江沢民らの前に膝まづいて「江沢民閣下」と、ひれ伏したと書いている。村田氏はその本の中で、日本の外務省チャイナスクールや政治家が中国を甘やかして結果的に増長させた、と語っている。

立命館の孔子学院は取材拒否

筆者は産経新聞で現在、九州・山口エリアを担当しているので、どうせ取材するなら日本全国にある孔子学院のうち、大分県別府市にある立命館アジア太平洋大学（APU）孔子学院を取材したいと切望した。2018年6月中旬以降、APU孔子学院の事務局に何度も電話をしたり電子メールを送ったりしているのだが、本稿を書いている9月上旬になっても何の連絡もないのは残念だ。

電話で対応してくれた女性職員はとても感じの良い方なのだが、いつも担当者が不在だというので、APU孔子学院長か、それがダメなら本家・京都市の立命館孔子学院長へのインタビューを申し込みたいと伝え、取り次いでくれるよう、お願いした。

米国など海外で、孔子学院（Confucius Institute）がスパイ工作機関として米連邦捜査局（FBI）の捜査対象になっていることなどを産経新聞が報じているからだろうか。フェアな報道を心がけている筆者ではあるが、だいぶ警戒されているようである。

講演会に呼ばれたとき、聴衆の反応をみながらウケそうだと思ったときに冗談半分で話すのだが、新聞記者と野良犬は、逃げれば逃げるほど追いかけてくるものだ。なお筆者は、取材を断られた後に周辺取材を通じて書いた内容について、後になって批判されたり文句を言われても受け付けないと、取材協力への依頼文に申し添えている。

さて、別府市の立命館アジア太平洋大学孔子学院の回答を待っていても埒《らち》があかないので、京都市内にある立命館孔子学院をアポなしで訪ねてみた。梅雨あけ直後の2018年7月12日、東京での取材を終えた翌日、朝イチで新幹線に飛び乗り、スマホ片手に市バスに乗り、市の北西部を目指した。曇り空ではあったが、さすが盆地の京都だけのことはある。少し歩いただけで玉のような汗がブワッと噴き出してきた。

日本での孔子学院は2005（平成17）年、立命館大学が北京大学と提携し、国内で初めて開設された。しかし立命館大学正門で警備員に孔子学院の場所を聞いたら、知らないという。意外と認知されていないようだった。

世界遺産に登録されている京都・金閣寺近くにある閑静な住宅街の一角に「立命館大学国際平和ミュージアム」がある。大学正門を出て徒歩3分のところにある、白い2階建てのコンクリート製の建物だ。反戦平和＝反軍国主義＝中国プロパガンダという文字が脳裏に浮かぶのとほぼ同時に、2階にある「立命館孔子学院」の看板を見つけた。

2階に行くと、壁に赤色をした中国の伝統的な装飾品が飾られていたのは、桜美林大学孔子学院とほぼ同じつくりだ。壁には各種講座のポスターが何枚も貼られていた。中国語講座の申し込み書などのチラシが数種類置かれていた。

スタッフは6～7人。受付で声をかけると、見るからに感じの良さそうな女性が対応してくれた。そこで、福岡に戻ってから院長へのインタビューを正式依頼するための封書を送る旨を伝えた。

立命館孔子学院＝ 2018.7.12、京都市

孔子学院はＦＢＩの捜査対象

中国では１９７０年代前半、文化大革命中の「批林批孔（林彪《りんぴょう》と孔子を批判する）」運動で、孔子を始祖とする儒教は大打撃を受けた。ところが最近では逆に、中国文化や中国語などの普及といったソフトイメージ路線のシンボルとして利用しており、学院にも「孔子」の名前を冠している。

筆者はそこに、中国共産党政権のご都合主義を嗅ぎとってしまう。あたかも、いまだに革命路線の基本は変えない日本共産党が、皇族で政治家だった聖徳太子を利用して平和や社会福祉を語るようなものだからだ。

さて、孔子学院の設置には、日本の大学を運営する学校法人と中国教育省傘下の国家漢語国際推進指導小組弁公室（漢弁）との調印が必要で、日本の学校法人とパートナーとなる中国側の大学との共同運営の形を取る。カリキュラムや教材は孔子学院が提供し、資金は中国政府と日本の学校法人が折半するのが原則という。問題は、この、カリキュラムや教材は孔子学院が提供する、という部分である。後述するが、米国など海外の孔子学院では「学の独立」「学問の自由」といった観点から、地元の大学と北京政府側のソリが合わず、閉鎖に追い込まれる一因となっている。

また、講師の選定も原因の1つだ。講師は中国の大学から一方的に派遣され、講師の給与は漢弁が支給する。中国の大学への留学支援のための奨学金制度もあるが、原則として日本側に人事権はない。

現在、日本には14の私大に孔子学院が設置され、小中高などには「孔子課堂」「孔子学堂」が8カ所ある。

しかし、文科省も外務省も、所管官庁がないため、はっきりとした数字はつかめていないのが現状だ。文科省国際企画室によると、孔子学院は大学間での取り組みであり、設置や認可の届け出は必要ではないというから、さすがに脇が甘いのではないかと思ってしまう。

おそらく中国側もそれが狙いで、だからこそ政府間や官民間ではなく、「大学間協力」という方式を採用しているのだろう。これだと、設置するのに政府間ほどの時間はかからず、自由な裁量で開設できるからだ。教師も自在に任命、解任できる。

日本での「第1号」にあたる「立命館孔子学院」は、学校法人立命館と北京大の共同運営で2005年10月に設置された。地域貢献や国際交流、国際相互理解への寄与を目的とし、約300人が中国語などを学ぶために通っている。

学院長の宇野木洋《うのきよう》氏はホームページのあいさつで、「中国に親しみは感じないが、日中関係は重要だと思うという矛盾を解きほぐすには、草の根からの対話を推《お》し進めるしかありません。対話の前提は相手の言葉を理解し相手の等身大の姿を知ることです。孔子学院は市民・学生のみなさんの参画を通じて幅広く豊かに中国を知る場となることを目指します」と語っている。

ごもっともであり、さすが教育者だと、うならされる内容ではないか。草の根の交流では、相手の話す言葉はとても重要だ。出来ないより出来た方がいいに決まっている。

ただ、素晴らしい考えにケチをつけるわけではないが、政治や外交の世界では、必ずしもそうではないのである。朝鮮半島は南北に分断されてから70年近く経つが、首脳会談を行うのがやっとだ。言葉が同じだから仲良くできるわけでもない。日中国交正常化を成し遂げた田中角栄元首相が中国語が得意だったとは、聞いたことがない。

逆に、中国国務委員の王毅外相は、日本語は流暢だが、親日色の払拭に躍起になっているのか、党内序列が上がれば上がるほど、執拗なまでに反日的言動を繰り返している。

その王毅外相は、2016年3月の全人代記者会見で、ぎくしゃくする日中関係について、自分たちの東シナ海での挑発行為や首相の靖國神社参拝など歴史認識での内政干渉を棚に上げ、「日本の政権が中国を友人と見ているのか、それとも敵と見ているのか。対中認識の問題が病根だ」と語った。

蒋介石が「日本は敵か友か」という論文を側近に書かせたのは、満洲事変から3年後の1934年のことだ。この論文を意識したのか、王外相は安倍政権を牽制し、国内向けに強気の姿勢を誇示した。そもそも王外相は、駐日大使も務めた中国きっての日本通だ。彼を知る日本側の関係者は、中国共産党内の力学とはいえ、彼の豹変ぶりに舌を巻く。

また、16年4月に訪中した岸田文雄外相と3時間20分にわたって会談した際には、「誠心誠意で来たのであれば、歓迎する。日本側は対抗意識を捨てよ」と強調した。

どの口がそれを言うか、と言いたくなるほど、上から目線の命令口調だ。来日したら熨斗《のし》をつけて、そっくりそのままお返ししたい発言だ。

このように、言葉ができるからといって、お互いを理解できるわけではない。数学的に言えば、言葉ができることは相互理解する上での必要条件であって、十分条件ではないのである。だが、彼らも、そうでも言わないと、「虎もハエも叩く」習近平独裁の恐怖政権だ、王外相もいつなんどき、身柄を拘束されるか分かったものではないのだろう。同情する。

さて、そんな孔子学院だが、中国共産党思想の政治宣伝や中国政府のスパイ活動に利用されているという指摘が絶えない。

米連邦捜査局（FBI）のクリストファー・レイ長官は2月の上院情報特別委員会で、孔子学院が捜査対象になっていることを明かした。日本でも22年に大阪産業大の当時の事務局長だった重里俊行氏が、組合との団体交渉で孔子学院について「中国の文化スパイ機関」と発言し、職を辞す事態となっている。

重里氏は、動員されたとみられる学内の中国人留学生の抗議を受け、大学理事長が謝罪した上で、事務局長の職を解任された。彼は、米国やオーストラリアをはじめ、国際社会で問題にされている孔子学院をめぐる問題を指摘しただけだ。

大阪産業大は、この元事務局長の解任の理由について、「他にもいろいろあったと思う」とだけ語り、詳細は明かさなかったという。

孔子学院に無防備な文科省の怠慢

日本にある孔子学院は、どのような活動をしているのか。学院関係者は「学生や地域住民を対象に、中国語教室を中心としたカルチャースクールのようなもの」と口をそろえて説明する。中国語のほか太極拳、書道、ちまきやギョーザといった中国の家庭料理などを教えている。

昨年1年間をみても、春節を記念した「針灸特別講座」（神戸東洋医療学院孔子課堂）、「日中キッズふれあいコーナー」（福山大学孔子学院）、「全日本青少年中国語カラオケコンテスト」（桜美林大学孔子学院が上海外国語大学で主催）などのイベントが開催された。

10月には大阪市で、「2017年度日本孔子学院協議会」が開催され、在日中国大使館の公使参事官、胡志平が2018年の日中平和友好条約締結40周年をとらえた孔子学院の発展に向けた大使館からの協力について述べた。

仮に孔子学院の狙いがカルチャースクールのようなものだったら、教育機関との共同運営といった仕掛けは大規模すぎる。

岡山商科大学孔子学院（岡山）の学院長、蒲《かば》和重は、「（パートナー校の）大連外大は優秀な生徒を派遣してくれる。それなら、関係を保つためにも、開設していた方がいい」と説明する（産経新聞２０１８年4月11日付 朝刊電子版）。

日本国内では18歳人口が減少して大学進学者が減っていく「２０１８年問題」に直面している。中国からの学生派遣や資金提供は、大学にとって運営上プラスになっている面もある。前出の宮崎県えびの市の日章学園 九州国際高等学校と同じ構図だ。孔子学院を設置したある大学の担当者も「一番のメリット（利点）は、中国の学生の受け入れだ」ともらす。

日本の孔子学院は現在のところ閉鎖の動きはないが、過去には、14年に福山銀河孔子学堂（広島）が閉鎖した。運営していた銀河学院（同）の関係者は「ニーズがなく、希望者が少なかった。中国からの補助も出ていたが、わずかなもので、ほとんどこちらの持ち出しだった」と語る。

自民党衆院議員の杉田水脈《みお》氏は18年2月26日の衆院予算委員会第4分科会で、日本国内での孔子学院の現状を質《ただ》した。使途の怪《あや》しい科学研究費（科研費）助成事業に関連しての質問だ。

杉田氏「孔子学院というのが実は、米連邦捜査局（ＦＢＩ）の捜査対象になったということで、参考資料としてみなさんの方に配らせていただいております。筑波大学名誉教授の遠藤誉《ほまれ》さんという方が書かれた記事ですが、スパイ容疑なんですよね。スパイ容疑でＦＢＩが孔子学院というのを捜査の対象にしたという記事なんですけれども、日本はこれに対して非常に無防備ではないかという指摘があるんですけれども」「まずお尋ねしたいのは、孔子学院というのは日本にいったい、どれだけあるのか。数についてお答えいただきたい」
答弁したのは、文部科学省 高等教育局長の義本博司氏だ。
義本氏「孔子学院のホームページおよび日本孔子学院協議会の本年度の幹事校、関西外語大のホームページによると、平成29年12月31日現在、日本には14校の孔子学院があるとされているところでございます」
杉田氏「ホームページによるという答弁だったが、（文部科学省からの事前説明で）きちっと把握をしている部署がないということだった。あまりにも無防備である。文部科学省でしっかりと対応してほしい」「もとはと言えば、税金ですよ。私たちが払った税金で、日本が良くなるように技術、科学とかいろんな分野でそれを国が支援して研究をしていくということは当然あっていいことなのだが、それがこんな形でどんどん、どんどん海外に流れていってしまう、特に中国とか、そういうところに流れていってしまうということについて、あまりにも無防備であると。遠藤氏は、米国のＦＢＩが動き始めたのだから、米国と『足並みをそろえている』日本も正しい認識をもって警戒を強めた方がいいだろう——と指摘している」

中国に侵食されるオーストラリア

ここに興味深いブログがある。翻訳家で作家の丸谷元人《まるたにはじめ》氏が「パプアニューギニア（ＰＮＧ）

ニュースby南太平洋島嶼《とうしょ》研究会」というブログで2012年5月に書かれた論考だ。

それによると、オーストラリアの首都キャンベラのキャンベラ大学の日本語講座が「非常に不可思議な理由」で廃止の危機に瀕したことがあるというのだ。筆者がキャンベラ大学に直接聞いたところ、「現在は学術英語以外、いかなる語学クラスも開講していない」（受験係）とのことだった。だから、どういう経緯で日本語クラスがなくなったのかは、もう少し事情をよく知る大学職員に聞かねば分からないが、あいにく、本稿を書いているときは休暇中で不在のため、このあたりは不明のままだ。

丸谷氏の論考は少々古いが、証言として記録するため引用したい。今でこそ孔子学院が国際社会で問題となっているが、当時から大学キャンパスで起きているわずかな異変に気づいていたのだから、現地に足場のある人は違うと思った。

キャンベラ大学の日本語講座は、実際には生徒も多く資金も潤沢だった。にもかかわらず廃止する動きが出た表向きの理由は、財政難であるのと、日本語より中国語研究が大事ということだそうだ。

しかし、シドニー国立大学を卒業してオーストラリアに人脈、学閥を持つ丸谷氏が調べたところ、実態は「中国政府の暗躍」があったのだという。

つまり、今回のキャンベラ大学日本語講座閉鎖の動きの裏には、中国の影が見え隠れする、というのだ。具体的には、孔子学院が積極的にアプローチし、金をばらまく形で中国語の講座を増やそうと画策しているという。日本語学科の件についても、キャンベラ大学の経営陣に対して、「(日本語学科を)廃止したら、それ以上に良いもの(金)を出す」という条件を提示しているらしい。丸谷氏は、複数のルートから聞いた話なので、ほぼ間違いないだろう——と結論づけている。

そして、「大資源国オーストラリアと日本の友好信頼関係の土台は、すべて中国のソフトパワー戦略に飲み込まれてしまいかねず、日本語講座のケースは『終わりの始まり』になるかもしれない」(丸谷氏)と警鐘を鳴らしている。

こうした、中国のオーストラリアにおける浸透工作について、日本のメディアもようやく報じるようになってきた。

日経新聞は2018年3月29日付(電子版)のシドニー発で、特派員の高橋香織電を伝えた。そこでは、各国から移民を受け入れ、さまざまな文化を尊重する「多文化主義」を掲げてきたオーストラリアで、中国に対する疑心が強まっている——と報じている。

中国共産党がオーストラリアの政界や学界に影響を行使している実態を指摘した、チャールズ・スタート大のクライブ・ハミルトン教授の新著『サイレント・インベージョン(静かなる侵略)』の出版発表会が行われた3月14日、シドニー州議会内の会議室は異様な雰囲気に包まれていたという。筆者(佐々木)によるハミルトン教授へのインタビュー内容は後述するとして、このときの模様を高橋電で振り返ってみよう。

約100人の聴衆の顔ぶれはアジア系が多く、暗い室内にもかかわらず聴衆の1人の女性はサングラスを一瞬も外さなかった。この場面は、動画サイトのユーチューブで誰でも見ることが出来る。興味のある人は「Clive Hamilton book launch」とキーワードを入れてみると良いだろう。ビデオで参加者の顔をしきりに撮影する男性もいたのだが、中共の関係者だろうか。かつて筆者も、オウム真理教の家宅捜索を取材した際に、オウム側にビデオで、嫌というほど顔や全身を撮影されたことを思い出す。

高橋電をさらに続ける。

「この発表会のため、勇気を持って会議室を予約してくれた議員に感謝する」と著者のハミルトン氏は口火を切った。当初は中国の人権問題に批判的な「緑の党」の議員が会の発起人となっていが、「反中」との批判を恐れる党内の反対にあって発起人を辞退、別の議員が代理で発起人を買って出て、ようやく開催にこぎつけた——という実態を伝える。

同書の出版は何度も出版社から拒否された。大手出版社、アレン・アンド・アンウィンは2017年11月、「弁護士の助言に基づく」として出版を延期したが、これは、不買運動やサイバー攻撃を恐れたとみられる。次に著者が本を持ち込んだ出版社も、中国の報復を懸念して出版を自粛したという。そして最後に、独立系の中小出版社が出版に応じた。「オーストラリアの知識人を黙らせようとする中国政府の圧力は増している」とハミルトン氏は話す。

17年になると、シドニー大やニューカッスル大などで、中国からの留学生が教員を糾弾する事件が相次いだ。理由は、中国が国と認めない台湾を教員が「国」と言った——というイチャモンのほか、中国が領有を主張する地域がインド側に含まれた地図を授業で使用した——ことなどだ。地元紙は「大学に中国のイデオロギーが押し寄せている」と報じた。

そのうちシドニー大学では17年8月、インド系の講師が、中国が領有を主張する地域をインド側に含めた地図を使ったとして、中国人留学生の集団から謝罪を求められた。大学当局は講師を批判し、謝罪したというから、何とも情けないではないか。

こうした中国人留学生の行為は、祖国を思う一介の留学生の義侠心というより、共産党の意に沿わぬ授業をさせないよう教員側に圧力をかけることを狙った組織的な活動とみてよい。

中国共産党中央委員会直属の中央統一戦線工作部（以下、統戦部）は、海外在住の中国人6000万人の思想指導役を担っている。マスコミから学校教員、学生、企業家、果ては政治家まで、統戦部の指導に基づいて意識的、あるいは無自覚に活動し、敵対勢力と対峙し続けていることが、米議会CECC（中国に関する特別委員会）で判明している。

こうした中国の工作が激化する背景には、移民への緩《ゆる》い受け入れ体制がある。オーストラリアの投資家向け移民制度は、米国に比べて緩い。2012年には、連邦債などに約5億円を投資すれば永住権の申請資格を与えるという制度を導入した。しかも取得者の87％が中国人だ。国を挙げて金に目がくらんだ結果が、このありさまである。

「尖閣は中国領」を掲げるAPU孔子学院

さらにシドニー国立大学の惨状をみてみよう。田中靖人記者が、今年4月に掲載された産経新聞紙上で報告している。以下、引用する。

1850年に創立されたオーストラリア最古のシドニー大学は名門8大学の連盟「Go8」に属している。歴史を感じさせる石造りの建物が並ぶキャンパスの一角に、まだ新しそうな孔子の石像が立っていた。2008年に学内に設立された「孔子学院」の象徴だ。

学院のサイトによると、16年度に中国語の授業に600人を募集した。中国語や文化講習だけでなく学外での催事にも取り組み、11年10月には上海・交通大学からカナダ出身の教授を招いて「儒教の観点から見た中国の政治的正統性」と題する公開講座も行っている。

田中記者が学院事務局を訪れると、院長の金杏氏は名刺交換にも応じず、流暢な北京語と英語で「とても忙しい」などと取材を拒否したという。また、学院理事への取材要請も「みんな国外にいる」と応じなかったという。

オーストラリアは全大学41校のうち孔子学院は14校にのぼり、うち6カ所はシドニー大学を含む名門8校の中にある。かなり浸透されていることが分かる。日本にある他愛のない無数の英会話学校とは性格がまるで違うのである。なにしろ米連邦捜査局（ＦＢＩ）がスパイ容疑で捜査対象としているのだ。

オーストラリアの教育・訓練省の統計によると、17年の海外からの留学生62万人のうち、中国人は約18万5千人と、全体の約30％で首位を占める。留学生がオーストラリア経済にもたらす価値は２８６億豪ドル（約２兆３千億円）で、国全体の「輸出」項目の３位に相当し、雇用は13万人。その３割が中国人に握られている計算だ。

中国人留学生はその多くが現金で学費を支払うとされ、大学にとって大きな収入源になっているというのも背景にありそうだ。

現在、オーストラリア政界では親中派議員が賄賂《わいろ》で辞職したり、中国を念頭に置いたスパイ法が改正強化されるなど、反中国の動きが高まっている。これらは孔子学院浸透の動きにも影を落としそうだ。

筆者は九州の地元、大分県別府市にある立命館アジア太平洋大学（ＡＰＵ）孔子学院に何度も電話したが、多忙を理由にナシのつぶてだった。このため、７月18日午後、別件で大分に行く用事があったので、別府市の山あいにある同学院をアポなしで訪れた。

ＪＲ日豊本線亀川駅からバスで20分。温泉の湯で地熱が熱く、南国イメージを強調したいのだろうか。いたずらにワニをたくさん飼育している「血の池地獄」で知られる温泉地近くの山頂に、ＡＰＵはあった。正面右奥の建物の１階に孔子学院がある。部屋の外側には各種中国語講座などのチラシやパンフレットなどと並んで、中朝首脳会談や習近平国家主席の業績を称える記事を1面トップで派手に伝える、中国共産党機関紙「人民日報」が山積みされていた。

壁には、歴史的にも国際法的にも日本固有の領土である尖閣諸島が中国名の釣魚島（日本名は魚釣島）と書いてある立体地図が、どこはばかることもなく掛けてあったから驚きだ。

言うまでもなく、日中友好とは、否《いな》、どんな2国間関係も、お互いに主張すべきは主張した上で、一致点も探りながら親善を深めていくものではないか。それを、相手の主張をそのまま容認するかのような文書や地図を堂々と掲示するというのは、単に相手におもねっているだけと後ろ指をさされても仕方あるまい。

さて、このAPU孔子学院、電話でやりとりしていた女性職員には会えたが、孔子学院院長も担当者も不在という。取材の趣旨と後日、質問状を簡易書留で郵送する意思を伝えて、その場を後にした。

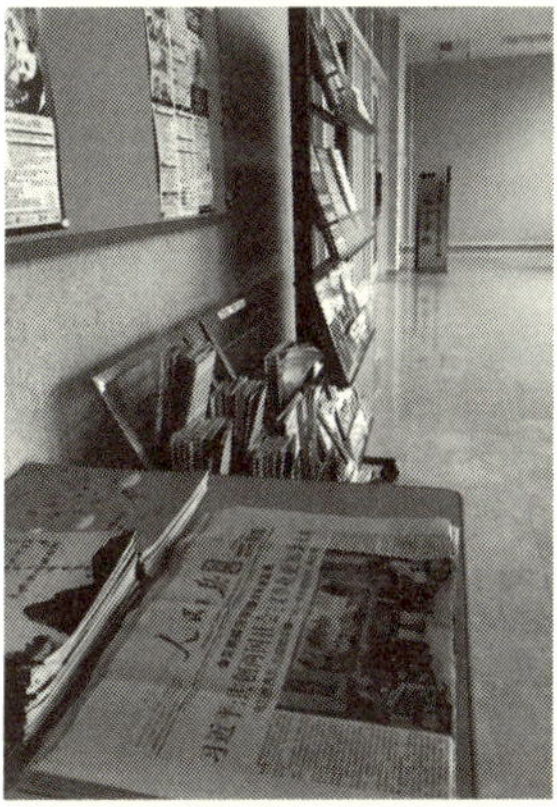

APU孔子学院の入口。中国共産党の機関紙「人民日報」が中朝首脳会談を1面トップで伝えていた＝2018.7.18、APU立命館孔子学院

筆者はこれに先立つ7月初旬、孔子学院の老舗である京都市内の立命館孔子学院と神奈川県相模原市内の桜美林大学孔子学院にアポなし訪問をしている。仕方ないので、日本にある14の孔子学院すべてに簡易書留で取材要請の封書を送っていた。

この結果、京都市の立命館孔子学院が、佐々木浩二事務局長名で、電子メールで丁寧な回答を寄せてくれた。愛知大学は、広報担当が回答するとＦＡＸで連絡があった。

佐々木氏の電子メールは、「この度、立命館孔子学院の宇野木洋学院長への取材依頼を郵送にて受け取りました。当方で対応につきまして検討させていただきましたが、今年4月11日の孔子学院に関する産経新聞報道を前に、宇野木洋学院長が産経新聞社様からの取材を受け、お話しすべきことはすべてお話ししました。（残念ながら、当方の意図とは違う形で報道されましたことにつきましては遺憾に存じております）また、日本の孔子学院を代表してお話しするような立場でもございません。従いまして、今回の宇野木洋学院長への取材依頼につきましては、お断りさせていただきます」とのことだった。文面は丁寧だが、不快感全開の内容となっている。

残念だが、筆者も電子メールで、「自分もいろいろなルートで取材しており、取材を断られた以上、書いたものについての批判は受けられない」旨を伝える返事を送った。

情報インフラの中枢に食い込む中国企業

中国の政治・文化的な介入について、ほとんどザル状態の日本に比べれば、まだ動いただけマシといえるのが、中国の浸透に悩むオーストラリアのケースだ。ただ、浸透の強さと早さは日本以上であり、不作為による中国増長に手を貸した罪は重い。インド大平洋を結ぶ広大なエリアにおける平和と安定に、深刻な懸念を生じさせているからだ。これは、中東から原油の9割以上を輸入し、インド洋から南シナ海に抜けるシーレーン（海上輸送路）を生命線とする、わが国の安全保障にも直接関わる問題である。日米台豪印の民主国家連合の足並みを乱すものとして看過できない。

こうした対中政策をめぐっては、アジア・南太平洋において戦略的な要衝に位置するオーストラリアが、チャイナマネーにつられて一番フラフラしている。何とも情けない。

そんなオーストラリアだが、連邦議会がようやく動いた。２０１８（平成30）年6月28日、外国のスパイ活動や内政干渉の阻止を目的とした複数の法案を可決したのである。

内政干渉阻止法。ズバリ、中国を標的にしたものだ。現行のスパイ防止関連法を抜本的に改革したもので、親中姿勢が鮮明だったターンブル政権が法案提出していたのだから、よほど中国の行為に腹を据えかねていたのだろう。しかし、絶えず国会議員やマスコミへの懐柔工作や不良中国人の密入国、東シナ海や領空で中国軍や海警の挑発行為と対峙しているわが国にしてみれば、オーストラリア政府は国際政治や外交危機にどこまでも鈍く、気づくのが遅い。お人好しの日本以下である。

この内政干渉阻止法の中身に入る前に、まずターンブル首相について触れておかねばなるまい。閣僚の相次ぐ辞任が引き金となって18年8月に突如辞任し、政界引退に追い込まれたターンブル首相だが、就任直後から対中姿勢に関する懸念が広がっていった。親族に中国共産党の元幹部がいたり、枢要な情報インフラであるブロードバンド網の構築に中国企業を参入させようとしていたためだ。

台湾メディアなどによると、問題の人物は、ターンブル首相の長男アレックス・ターンブル氏の義父にあたる91歳の人物だ。アレックス氏は北京に語学留学中、この人物の娘イボン・ワン氏と出会い、2012年に結婚した。義父は、文化大革命の最中に米国に留学して中国に戻った後は、中国共産党の研究所に勤め、政府に提言もしていたという。

こうした指摘に対してアレックス氏は「でたらめ」と反論し、義父は上海で江沢民元国家主席と親交があったものの、共産党や軍で役職を持ったことはないと強調した。

しかし、ターンブル首相自身は、オーストラリアで進められているブロードバンド網の構築計画に関し、治安当局の反対にもかかわらず、中国企業を参入させようとし、中国が回線を細工して容易に機密情報を盗めるようになりかねないとの懸念が広がっていた。

また、日独仏が名乗りを上げる次期潜水艦の共同開発計画に関しても、ターンブル首相の意向が反映された。

このように、コテコテの親中で知られたターンブル政権だが、17年11月、14年ぶりに改訂した外交政策白書で、「外国政府やその代理人」による内政への「干渉」に言及した。

そもそもターンブル氏は、15年9月の〝党内クーデター〟で、安倍晋三首相の盟友だったアボット前首相を追い落とした張本人だ。元実業家として経済立て直しに中国との関係強化を掲げたが、中国の〝内政干渉〟を招いて結局は頓挫したのだから、ザマはない。にもかかわらず、最大の同盟国・米国との関係もギクシャクさせてしまった穴を埋めようと、日本からの支援を取り付け、政権基盤のテコ入れを図るために18年1月に来日した。どこまで厚かましいのだか、開いた口がふさがらない。何を今さらという感じである。

ターンブル首相は17年4月、永住権申請につながる就労ビザの発給条件を厳しくする方針を発表した。外国投資への規制も強め、18年2月には外資への農地や電力インフラの売却に「国益に反しない」との条件をつけた。地元紙は、次世代通信規格「第5世代（5G）」の通信設備への参入を図る中国企業、華為技術（ファーウェイ＝HUAEI）に関し、政府が国家安全保障の観点から調査する方針であると伝えている。

ターンブル首相はさすがに、「中国共産党がオーストラリアに干渉しようとしているとする報道を真剣に受け止めている。外国勢力が豪州と世界の政治プロセスに影響を及ぼそうとする前代未聞かつ高度な試みを行っている」と不快感を示していた。

ちなみにこの華為技術も、日本では、業務提携したプロ野球のソフトバンク・ホークスが、ヘルメットの横に同社の赤い「HUAEI」マークを目立つようにつけている。創業者が中国人民解放軍あがりで、軍事・産業スパイを働いているとして米議会でやり玉に挙げられたこともある会社だ。この華為技術については、後ほど詳述する。

日本にも欲しい「内政干渉阻止法」

内政干渉阻止法の中身に戻ろう。

可決された法案はスパイ行為に対する罰則を強化したほか、オーストラリアの内政に影響や害悪を与えようとする外国当局による秘密工作、欺瞞工作、脅迫行為などを対象とする新たな罰則を規定した。外国による政治干渉を透明化するため、外国政府や企業代理人となる個人や団体にも登録を義務づけた。

内政干渉阻止法案の提出にあたり、オーストラリア情報機関は、中国政府が政治献金制度を使ってオーストラリアに影響力を行使しているとの懸念を表明していた。

オーストラリア政府は、クリスチャン・ポーター司法長官が声明で、中国の名指しこそ慎重に避けたものの、「スパイ活動および外国の干渉は、オーストラリアの安全保障と国防に著しいリスクとなっている」「敵対的な外国当局が、機密情報の入手やオーストラリアの民主的手続きへの影響力行使といったさまざまな手法で、オーストラリアの国益に反する活動を積極的に行っている」と指摘した。

ポーター長官は18年6月、全国紙オーストラリアンに、「脅威の環境は変わり、より厳しいものになっている。オーストラリアの安全保障を脅《おびや》かす行為を阻止するため、われわれが必要な手段をとり続けるという強いメッセージを送るものだ」と述べていた。

オーストラリア政府は、外国人からの政治献金を禁止する法案も年内の成立を目指すなど、今後も外国からの内政干渉には断固とした措置をとる構えだ。

これらは、中国の政界工作を暴いた豪メディアの報道を豪政府が認めるという形で連携し、中国の浸透工作を蹴散らした図式だ。中国や朝鮮半島が絡むと、国益への善し悪しは関係なく、ただ感情的に政府の足を引っ張る日本の大多数のメディアとは、クオリティが違う。

さて、肝心の法案は、対象が広すぎて表現の自由や政策についての公の議論を制約しかねないという慈善団体など数多くの組織や団体からの批判を受けて何度も修正され、ようやく可決成立した。中国政府は、オーストラリアの内政に中国が介入したという報道について、「ヒステリー」「妄想」だと、予想通り〝ヒステリック〟に否定していた。

中国のために奔走するイラン系スパイ議員

政界まで荒らされていた——。オーストラリア国内にはここ数年、中国が豪州社会どころか政界にまで影響力を拡大していることへの警戒感が強まっていた。中国系住民の増加や中国企業の相次ぐ投資計画に加え、地元メディアの報道で、中国勢力によるあからさまな内政干渉が目立ち始めたからでもある。

オーストラリア政府の防諜機関、「保安情報機構（ＡＳＩＯ）」のダンカン・ルイス長官は２０１８年5月16日、両院合同委員会の公聴会で、中国の当局者から情報の見返りに金銭の提供を持ちかけられたとする経済紙記者の記事について、「ＡＳＩＯが把握する事例と驚くほど近い。外国の情報活動の現在の規模は前代未聞だ」と証言した。

また、「外国人の工作員らが標的にしているのは、オーストラリアの同盟国や外交・経済・軍事関係における特別な機密情報だ。エネルギー・鉱物資源・科学・技術革新に関する情報も関心の対象となっている」と、諜報監視を強化すべきとの考えを示した。

ルイス長官は、「現在、冷戦時代以上に外国の情報当局者が入っており、わが国を攻撃する手段もさらに多く持っているというのが厳然たる事実だ。スパイや政治介入・妨害行為や、悪意ある内通者による活動は、国益に壊滅的な悪影響を与えかねない」と述べ、国内政治への中国の介入に対して強まる懸念を裏づける証言となった。

オーストラリアで、この対スパイ新法の成立を加速させたのは、獅子身中の虫、イラン系のサム・ダスティアリ元連邦上院議員だ。中国による政界へのスパイ工作を発覚させたという点では、皮肉だがダスティアリ氏はむしろ、良い仕事をしてくれたと言えまいか。ダスティアリ氏は野党、労働党のエースで、南シナ海問題などで中国寄りの発言をしていた。中国人富豪の黄向墨氏から賄賂を受け取り、公安情報を漏らした疑いで辞職表明した。ダスティアリ氏は、この黄氏から献金も受けており、議会内外で「バッジをつけた中国系スパイ」（地元メディア）

だと疑惑を追及されていた。

この献金は、中国の国有企業によるオーストラリアの石油ガス開発大手企業の買収に絡んでいるとされた。豪メディアは、他にも国会議員数人が献金を受けていたと報じ、彼らが、中国軍による南シナ海の島々での軍事基地建設などを正当化する政治活動を行うように依頼された疑惑も浮上していた。

もちろん、中国は「まったく根拠のない報道であり想像の産物だ。首相は事実確認を行っていない」（中国外務省報道官）、「豪メディアの報道は中国への根拠のない攻撃であり、オーストラリアに住む中国の学生や人々を中傷した。この種の感情的な被害妄想は、人種差別的な意識に基づいている。多文化社会という豪州のイメージを傷つけた」（中国共産党機関紙の人民日報）と、お約束の反論をしているが、当のダスティアリ氏は実際、議員辞職に追い込まれている。火のないところに煙は立たないのである。議会で追及され、シドロモドロになるダスティアリ氏の答弁を動画で見ると、むしろ、大炎上した上での議員辞職劇であった。

ダスティアリ氏は労働党内で将来を嘱望されていたが、副党首に対して、香港の民主化運動家との面談を止めるよう働きかけたと豪メディアが報じたことでも、批判が高まっていた。また、党の方針に反して、中国の南シナ海での領有権主張を支持するような発言をした録音記録まで表面化し、党の役職を辞任しているのである。

それでも中国の共産党機関紙・人民日報系の環球時報は、「最近のオーストラリアの反中国的な姿勢に不満を示すため、同国との関係を縮小すべきだ」と、強気の構えだ。輸入の削減や、今となっては首相を辞任したが、ターンブル首相の訪中の延期が含まれていた。

中国の王毅国務委員兼外相はビショップ豪外相と会談し、冷え込んだ両国の関係を正常化するには、オーストラリア側が「色メガネ」を外す必要があると指摘した。具体的には、中国がオーストラリアとの関係を速やかに改善させるよりも、当面は苦しませるべきだと指摘している。

さらに、「中豪両国関係を破棄する必要はない。しばらくの間、関係の進展を遅らせればよい。経済・通商部門以外の中国閣僚は、オーストラリアとの交流を延期することが可能だ」とし、「ターンブル首相は今年、訪中する必要はない。数年後に訪問すればよい」とした。このほか、中国が輸入する鉄鉱石やワイン、牛肉などについて、オーストラリア産でなく米国産に切り替えるべきだと訴えている。

ダスティアリ氏だけではない。重要閣僚まで務めたボブ・カー元外相は、中国人富豪による寄付でシドニー工科大が15年に設立した「豪中リサーチ研究所」の所長を務め、「ベイジン（北京）ボブ」の異名で呼ばれるほどだ。もう、恥も外聞もない。ここまで来たら、だれもが認める立派な工作員だ。

世界を席巻する中国人移民

さて、オーストラリアには、どれほどの中国人移民がいるのだろうか。

移民大国、オーストラリアの中でも、中国人の移民数はインドに次ぐ多さだ。オーストラリア連邦政府入管局によると、２０１６～17年だと、インド人３万８８５４人、中国人２万８２９３人となっている。一方、学生ビザだと、２０１３年のデータで中国人約６万人に対し、インド人約３万４千人と、圧倒的に中国人学生が多い。

オーストラリアでは、２０１７年公表の国勢調査で、自らを中国系だと答えた数は前回調査（11年）の86万人から１２０万人に増加した。その半数に迫る約50万人が中国大陸の生まれで、「共産党から逃れてきた過去の移民と異なり、経済発展後の移住で、本国との結び付きが強い」（研究者）とされる。

このうち、約15万人の中国留学生は、共産党思想と言論抑圧の手法を豪州の大学に浸透させているとして、政界や行政のみならず、学内での中共勢力の増殖ぶりに、オーストラリア国内で警戒が強まっている。

公共放送ＡＢＣは昨年６月、豪州で事業を行う中国人富豪が、多額の政治献金で政治的影響力を行使しようとした実態を報じた。オーストラリア政府幹部は国内の学生に中国共産党の影響力に備えるよう異例の呼びかけをしていたのだから、ことは尋常ではない。

キャンベル大学の中国学生学者連合会の会長で20代の女子留学生は、かつて豪州大手メディアの取材に対し、留学生による反中国政府活動の情報をつかんだら、必ず大使館に報告していると堂々と述べ、オーストラリア国内に波紋を広げた。中共支持者は、こうして国内外で周囲を監視しているのだ。問題の根が深いのは、命じられたスパイ活動ではなく、自発的に行っている者も少なくないとみられることだ。

こうした中国人留学生は、経済発展の時期に生まれ、中共による洗脳教育をたっぷりと受けて育っており、「政府の論調に反対するのは悪いこと」という観念を植え付けられている、と中国問題の専門家は指摘する。彼らにとって六四天安門事件など知る由《よし》もない。無知ほど恐いものはないとは、このことだ。

共産党を支持しようが、支持しまいが、「たとえ海外でも、自分の本音を語ることはできない」と、前出レービ研究所のバラール氏は胸のうちを明かす。同氏は、オーストラリアの大学はこの脅威に対応できていないと指摘し、「関係者は見て見ぬふりしているかもしれない。景気のよくない豪州の大学に、中国の学生が大金を注いでいるからだ」と現状を危惧している。

シドニー科学技術大学の中国人、馮崇義教授は、「豪州の場合、中国政府の華僑団体に対する影響力は、90年代から著しく強まっている」「ほぼ全ての団体と大半の中国語メディアをコントロールし、諸大学への浸透を試みている」と話した。

英国移民、その一部は犯罪者が流されたとされるルーツを持つオーストラリアというアングロサクソン社会が、21世紀になって漢人に喰われるという構図がジワリと展開しているのが、いま南半球の東側で起きていることなのだ。

日本では、人口の少ない離島や過疎の村が狙われているのに対し、地球規模では、国家レベルで、人口の少ない国であるオーストラリアやカナダといった広大な土地を持つ国が狙われているという実態が、鮮明に浮かび上がってくる。

中国が相手国政府へ浸透する手口

中国の政界工作に話を戻そう。

2017年、豪メディアの共同調査で、少なくとも5人の中国系の人物が、政治界への巨額な政治献金と賄賂を通じて、同国の内政に干渉してきたことが明らかになった。

ロイター通信などの報道によると、米ニューヨークに本社を置く大紀元の取材に応じた、駐豪シドニー中国総領事館の一等書記官だった陳用林氏は、中国共産党によるオーストラリアへの浸透工作について、「中国共産党によるオーストラリアへの浸透は、政治、軍事、経済、文化の4つの分野に及ぶ。政府と民間の両方にも浸透工作を行っている。特に政府に対しては、連邦政府、各州政府と各市政府まで徹底的に工作を行う」と述べた。

オーストラリア放送協会（ABC）によると、前出のダスティアリ元上院議員は、中国人富豪の黄向墨氏の重要連絡人を務め、黄氏から受け取った賄賂で、自らの弁護士費用や旅費などをまかなっていたとされる。ちなみに、議員辞職する前の2017年秋、ダスティアリ氏は、すでに消費者問題相などの要職を辞任している。

さらに豪ＡＢＣ放送は、アンドリュー・ロッブ前貿易相が、約5億豪ドル（約４２５億円）でダーウィン港を99年間リースした中国人の富豪で、中国企業「嵐橋集団（ランドブリッジ）」の葉成と近い関係にあると報じた。ロッブ氏は貿易相在任中、中国当局と2国間自由貿易協定（ＦＴＡ）をめぐって交渉を行った際、この、中国人民解放軍出身の葉成とたびたび接触していた。嵐橋集団は中国の「民間企業」とされているが、ご多分に漏れず、人民解放軍と密接なつながりがある。

さきの陳用林氏は、「ロッブ氏に関する最も大きな批判は、国会議員を辞任した直後に年収88万豪ドル（約７４８０万円）で嵐橋集団の高級経済顧問に就《つ》いたことだ。これは、豪政府内閣の機密保持の原則に違反している」と指摘している。

これが事実なら、オーストラリアには、とんでもない国賊がいたものである。

オーストラリアのダーウィン港は、在沖縄の米海兵隊がローテーションで拠点とする重要な基地があるだけでなく、米軍や豪軍の艦船や潜水艦が頻繁に出入りする基地でもある。

また、ボブ・カー前外相も16年に、前述の中国系富豪の黄向墨とは別の富豪、周沢栄との関係で、豪メディアに追及されている。

まったく、オーストラリア政界はいったい何をやっているのか。モリ・カケばかりで国費を浪費している日本の国会と、似たり寄ったりではないか……。

中国当局の女スパイが暗躍

２０１５年10月、豪州情報機関「保安情報機構」は、中国当局の女スパイとみられる厳雪瑞(Sheri Yan)のキャンベラの自宅を捜査した。厳は、一部の中国系政治献金者と頻繁に接触し、献金者らを通じて豪政府の高官や政治家への接近を図った。厳の夫であるローガン・ウレン氏は豪の元情報機関捜査官だ。警察当局が厳とウレンの自宅を捜索した際、豪政府の機密文書が発見され、機密漏洩の疑いでウレン氏を捜査している。

厳雪瑞は同月、さきほどの富豪、周沢栄の私設秘書を務めていた際のジョン・アッシュ国連総会元議長への贈賄容疑で米連邦捜査局（ＦＢＩ）に逮捕されている、筋金入りだ。

前出の、豪州の保安情報機構に属するダンカン・ルイス局長は、３つの主要政党と政府高官に送った機密書簡で、すでに豪州国籍に帰化した富豪の黄向墨と周沢栄の両氏に注意をうながしていた。ルイス局長によると、２人の富豪は豪州の各政党に、総額６７０万豪ドル（約５億６９５０万円）の資金を提供していたという。この金に目のくらんだ連邦議員らは、ルイス局長の警告を無視して、黄と周からの政治献金を受け取っていたのである。

現地の報道によると、当時まだ与党になっていなかった「保守連合」は約90万豪ドル（約７６５０万円）、労働党は20万豪ドル（約１７００万円）を受け取っていたという。

2017年、豪メディアは、中国系政治献金者の数は30人以上と報道。さきの陳用林氏は、この30人のほとんどは、先述した中国共産党中央統一戦線部（統戦部）傘下の「豪州平和統一促進会」のメンバーだと指摘している。

「平和」を語り、揉み手で工作対象者にすり寄る手法は、中国共産党の十八番だ。平和反戦を旗印にわが国に根をはやし、根を伸ばし続ける孔子学院と同根であり、とてもよく似た相似形と言えなくもない。

中国のトラップに引っかかる政治家たち

陳用林氏は、「政治献金だけでなく、中国当局の工作員らは政治家、特に上層部の政治家や政府高官への贈賄も行っている。その総額は政治献金よりも多い」とも語る。

そして、「贈賄をするには、オーストラリアの政治家を招待して、中国への豪華旅行を手配したりする。中国当局は直接表に出ることはないが、中国企業の関係者などに指示して、中国に到着したオーストラリアの政治家に売春婦を手配し、性的な接待を行う」というから、洋の東西を問わず、こうした古典的な手口は、時代を超えて万能なのだろう。

だから、オーストラリアでもご多分に漏れず、中国に行った政治家や政府関係者の多くが、帰国した後、中国当局への態度が一変し、中国共産党を支持する発言が目立ってくるという。

これは、陳氏の言う「中国当局から利益を受け取ったから、また中国に行きたいと思っているのだ」という理由だけではないだろう。筆者の政治記者としての経験から言えば、売春婦との生々しい性行為の現場、つまり動画、写真、部屋に踏み込んだ当局者の現認など、ゆすりの材料を握られてしまったためだろう。

余談になるが、かつて松野頼三元農相が、首相になる前の三木武夫氏と旧ソ連を訪問した際、こんな話があったそうだ。

打ち合わせを終えて、三木氏がホテルの自室で寝ようとしたとき、ベッドの下から、裸にネグリジェを羽織っただけのロシア娘が出てきたので、目を剥くほどに驚いた、というのだ。

そこで、三木氏が日本語で「出て行きなさい」と言ってロシア娘を部屋から追い出そうとしたところ、ドアのところでストロボをたかれて、写真を撮られてしまったという。

これを三木氏本人から聞いた松野氏は、「何もしていないのに、どうせ写真を撮られてゆすりの材料にされるくらいなら、お茶でも出しておけば良かったのに」と三木氏に言って叱られたそうだ。

三木氏が旧ソ連当局からこの写真を使ってゆすられたかどうか分からないが、首相になった際、ベレンコ中尉の操縦する最新鋭ソ連製戦闘機が北海道・函館空港に強行着陸するという、「ミグ25亡命事件」が起きて右往左往し、三木氏が窮地に立たされたのは偶然だろうか。

さて、貴重な証言なので陳用林氏の話を続けよう。

中国当局は、何を悪びれることもなく、政治家らの親族に金品を贈ったり便宜を与えたりするのは日常茶飯事。オーストラリアの政治家の家族や親戚に中国語を勉強したいという人間がいれば、奨学金つきで優先的に中国留学させてきたという。日本政界の工作に慣れている中国当局者にとっては、朝飯前のことだろう。

オーストラリアでの具体例を挙げれば、労働党の中国系上院議員、ヘンリー・トサン氏の子供が中国に留学した際には、中国大使館から、学費と生活費をすべて給付する留学の定員枠を与えられた。中国大使館は、毎年定員枠10人以上の、完全給付型中国留学制度を設けている。豪州の政治家の家族であるなら、申請すればすぐにも承認されるという。

孔子学院は学術界へのマルウエア（悪意のあるソフト）

さきにも触れた、オーストラリアの政界や学術界への中国の浸透について警鐘を鳴らすチャールズ・スタート大学教授のクライブ・ハミルトン氏は、今年2月に出版した著作『サイレント・インベージョン（静かなる侵略）』で、孔子学院のことをこう記した。

「学術界へのマルウエア（悪意のあるソフト）」

そのハミルトン教授が、筆者の質問に丁寧に答えてくれた。２０１８年7月16日、電子メールで質問すると、1時間後には返事が返ってくるという真摯な姿勢には、感銘を受けた。ときどき必要に迫られて取材で連絡をとる米国東部と違い、オーストラリアは時差がほとんどないという利点も活きたようだ。

ハミルトン教授は、中国のオーストラリア全般に対する浸透工作について、こう語ってくれた。

「オーストラリアは、中国の海外工作における主要なターゲットだ。彼らはここ数年、オーストラリアのあらゆる領域で圧力をかけ続けてきている。主なターゲットはオーストラリアの政界、ビジネス界、学術分野やメディアの支配層だ。こうした支配層における親中派の意見の浸透具合から判断すれば、彼らの影響力を行使する取り組みは大成功だと言えるだろう。ただ、オーストラリア国内では、こうした動きに反発が出始めている」

教授はさらに、孔子学院について「オーストラリア国内の大学にある孔子学院が、目につく方法で地元の大学に圧力をかけているという明白な根拠はない」としながらも、こう警鐘を鳴らす。

「オーストラリアの大学が孔子学院の設置を受け入れたら、それは中国との良好な関係を保つことが最優先であり、中国に対して何らの問題も起こす意思のないことを北京に示すことになる。大学の副学長の中には、孔子学院の職員（中国人）らの圧力を受けて『中国人民の感情を傷つけた……』などと言って這いつくばって謝罪し、北京に対して喜んで叩頭《こうとう》の礼を示す人もいるだろう」

何とも歯切れが良いではないか。日本も同じような状況、つまり、中国による影響力という名の病《やまい》が静かに進行しているが、オーストラリアよりも先に〝中国ウイルス〟を患った先輩患者としての、われわれ日本人に対するアドバイスを聞いたところ、「何もない」という。

ここは何だか冷たい感じがしないでもないが、筆者は、この本を手にしている読者と同じで問題意識があるから別に構わないが、事態の進行に気づかない他の日本人には、早く恐ろしい現実を理解し、対処する方策は「自分で考えろ」ということだと受け止めたい。

ハミルトン教授の著書は、豪州に移住してきた中国系の富豪が与野党の政治家や大学に多額の資金を提供している実態を紹介しており、これら政治家の発言や大学の研究が、南シナ海問題や自由貿易協定（ＦＴＡ）などにおいて、中国に望ましい方向に政策を誘導しようとした実態を明らかにしている。

クライブ・ハミルトンが語る「静かなる侵略」

ハミルトン氏は著書で、シドニー大学 孔子学院の理事を務める祝敏申（Zhu Minden）氏に注目している。

毎年、中国・海南島で開かれる経済交際会議、博鰲《ボアオ》アジアフォーラムの公式ホームページなどによると、祝氏は上海生まれ。豪州国籍を持ち、古文書学と書道で中国・復旦大学と米ハーバード大学の博士号を取得した。１９９６年、シドニーで親中の中国語紙「オーストラリア時報」を設立。法輪功など「反中勢力」の批判記事を数多く掲載した。２００1年に中国系オーストラリア人名誉賞を受賞し、２０００年～２０1０年まで、オーストラリア最大のシドニー市を持つニューサウスウエールズ州の政府顧問を務めるなど、オーストラリア地方政府に食い込みを図りつつ、12年からはオーストラリア中央政府の諮問会議委員に就任していた。

この間、１９９9年には中華人民共和国成立50周年記念式典に、２００9年には60周年記念式典に、中国政府からそれぞれ来賓として招かれるほど、中国共産党政権の信頼は厚い。

この祝氏をめぐり、ハミルトン教授が指摘する注目すべき出来事は、２００8年にキャンベラで起きた、北京五輪の聖火リレー事件でのなりふり構わぬ介入だ。チベット独立派らの反対デモを妨害するため、３万人の中国人留学生を動員し、資金提供したとされる一件だ。

日本では、長野県・善光寺周辺に４０００人を超える中国留学生らが在京中国大使館に動員されてバスに乗って集結し、巨大な五星紅旗を振り回すなどして、沿道に詰めかけた多くの日本人に暴行を働いた事件は、さきに触れた。

日本だけではない。フランスのパリでは聖火ランナーは外を走れず、バスに乗るという窮余の策をとり、アメリカでは中国人留学生らの暴行を避けるため、予定とは別の、人のいないルートを走ったほどだ。これらは長野と同様に、北京オリンピックの2年後、２０１０年に公布された中国の国防動員法の予行演習となった。だいたい、海外にいる華僑や華人の類《たぐ》いは、祖国を捨てた後ろめたさから、ビジネスで成功した者は献金などの形で、中国共産党政権に忠誠心を示す傾向が強い。

筆者もワシントン特派員時代に、こうした傾向は韓国人も同じで「中国、韓国人らが慰安婦問題など歴史認識で日本ディスカウントに余念がないのも、こうした精神構造が根深くあるからだ」（在ワシントン韓国人）と聞いたことを思い出す。

だから、オーストラリア国籍を有しているとは言っても、祝氏の忠誠心は北京にある、ハイレベルの工作員であり、彼を自由に泳がせていたオーストラリア捜査当局の腰の引けた対応は、批判に値する。顔も名前も人前にさらして堂々と中国のために汗を流す祝氏のケースは、世界の中では氷山の一角であるが、積極工作を担うエージェントといっても良かろう。

祝氏は、さきほどから何度も登場する、南シナ海問題で中国寄りの発言をするなどして今年1月に辞任に追い込まれた野党、労働党の上院議員、サム・ダスティアリ氏にも政治献金を行っていた。

孔子学院による多額の献金攻勢

ハミルトン教授の著書ではまた、孔子学院の極めて巧妙な政治工作として、彼らによる多額の献金を挙げている。この場合は、中国が嫌がる人権問題などを取り上げないよう直接要求するのではなく、多額の資金提供を行い、豪州側に「忖度《そんたく》させる」という。しかも、孔子学院を置く大学当局は5年間の協定を孔子学院本部と締結するが、協定の内容は大学の教員にも公開されていないという。

ハミルトン教授は「豪州の大学が学内に孔子学院を置き続けるのは、中国の資金の影響を受けているからだ。完全に北京になびき、学問の自由を損なっている大学もある。金銭の力に屈し、いま起きていることに目をつぶっている」と語る。

さらに、「中国は民主主義を利用して民主主義を破壊する」と指摘。「中国が豪州に介入した手法は日本にも適用される。日本の人々は脅威を認識する必要がある」とした。

さらに、中国の豪州政治への干渉策は「(既存の) 法律に違反しない点が新しい」とし、ターンブル政権が新たに成立させた内政干渉阻止法は、外国人や外国企業からの献金など、「スパイ活動」に関する定義を拡大させたという。

さらにもう少し、著書の内容をみてみよう。

ハミルトン教授によると、孔子学院の下部組織に当たる孔子学院課堂は、オーストラリア国内で67にのぼる。中国共産党のプロパガンダ組織である「漢弁 (Ｈａｎ・ｂａｎ)、国家漢語国際推進広領導小組弁公室 (国立中国語国際普及指導グループ事務所)」が、1万米ドル (約112万円) の資金を出して設立して、中国に関心を持つオーストラリア人学生を洗脳していくという。

授業では、チベット問題、法輪功、天安門事件、人権問題、臓器売買といった敏感な問題には決して触れないばかりか、中共を批判するいっさいのものを禁じるなど、学問の自由と言論の自由が封殺されている。

このため、シドニーを含む南東部のニューサウスウエールズ州では2011年、1万人を超える嘆願署名が集まり、閉鎖の危機に追い込まれそうになった。

嘆願書には、「孔子学院は中国教育省と中国国家漢弁が直接管理するものだ。教師が何を子どもたちに教えるべきか、ニューサウスウエールズ州の学校はどのような価値観を持つべきかを外国政府に決めさせるのはおかしい。授業課程を政治宣伝で充満させてはならない」と書かれていた。

2015年には、国立オーストラリア大学キャンパス内の薬局に、法輪功系の新聞「ジ・エポック・タイムズ」がおいてあるのを見つけた中国人留学生組織（CSSA）のリーダーが、「だれがこんなことを許したんだ！」と騒ぎだして女性店員を恫喝するという〝事件〟も起きた。

こうしたことが、孔子学院を併設した日本の大学敷地内で起きないとは、だれも保証できまい。例えば筆者の母校、早稲田大学には孔子学院があり、早稲田高等学院には孔子学院課堂までつくる媚びようで、早稲田大学校歌にあるような「進取の精神」「学の独立」など、どこへやら。北京が恐くて、天安門事件やチベット問題など、恐ろしくて議論どころか口にすらできまい。創立者の大隈重信公も、草場の陰でさぞ泣いていることだろう。

文科省も外務省も把握していない日本国内の孔子学院。有名大学に〝寄生〟するかのように身を寄せる形で設置し、中国文化に興味を持つ善意の日本人をたぶらかす……。
与野党の国会議員の中には、オーストラリア政界と同様、大使館や領事館を使った中共によ
る賄賂をもらい、中共に有利な言動を弄する、議員の仮面をかぶったダスティアリ氏のような
工作員はいないのか？「スパイ天国」と言われる日本も、オーストラリアのケースをモデル
とし、一刻も早く対策を講じる必要がある。

米国でスパイ疑惑の中国系企業「華為技術（ファーウェイ）」

世界で一番、孔子学院のはびこる米国でも、今春になってオーストラリアと歩調を合わせる
かのように、米連邦議会を舞台に監視強化を図る動きが出始めている。
米共和党のルビオ、コットン両上院議員とウィルソン下院議員は２０１８年3月21日、孔子
学院などを対象に、外国代理人登録法（ＦＡＲＡ）に基づく登録を義務づけ、監視の強化を図
る「外国影響力透明化法案」を共同で提出した。
法案は、各大学に対し、外国の機関や団体などから5万ドル相当以上の寄付や契約、贈答品
などを受領した場合には開示を義務づけるよう、関連法令を改正するものだ。
この法案がただならぬ重みを持って中国へのプレッシャーとなるのは、ＦＡＲＡはそもそも、
１９３８年、ナチス・ドイツの米国でのロビー活動の封じ込めを目的に制定された経緯がある

からだ。

ルビオ氏は、孔子学院は米国内の100カ所以上で地元の大学などと協力関係を結んで学内に設置されていると指摘し、その活動には中国政府が米国内で影響力を拡大させる狙いが込められていると批判した。また、「新法は外国政府の米国内における活動の、より一層の透明化を図るものである。大学への外国政府からの寄付金の開示を求める。（自身の選挙地盤である）フロリダ州にも孔子学院はいくつかあるが、みな中国政府機関であると司法省に届け出ることになるだろう」と述べた。その上で今年2月、フロリダ州の複数の大学などに孔子学院との関係を解消するよう要請した。

孔子学院から少し話はそれるが、ルビオ氏は学術面だけではなく、科学技術分野における中国の浸透にも警戒感を隠さない。米連邦議会でたびたび、産業スパイ疑惑が取りざたされてきた華為技術（ファーウェイ＝HUAWEI）についても、再び触れておきたい。

2018年5月、ルビオ氏は、中国へ「機密性の高い」技術を売り渡すことを禁じ、一部の関税や税金を引き上げる法案「対中国公正貿易執行法」を議会に提出した。

国家安全保障上、機密性の高い技術や知的財産の売却を禁止し、多国籍企業に対しては、中国からの利益に対する税金を引き上げるという内容を盛り込んだ。これは中国が、合弁事業などを通じて米国の知的財産へのアクセスを図っているとの懸念から、対応策を講じようとする動きを受けたものだ。

中国は、ロボットや航空宇宙、クリーンエネルギー車などの分野で、米国やドイツに追いつくための製造業振興策「メード・イン・チャイナ２０２５」を推進中だ。法案は、ここで中国がターゲットとしている製品を生産する米企業を対象に、中国人投資家による出資を制限するとしている。

これにより、米政府や受託業者が、先述の華為技術や中興通訊《じん》（ＺＴＥ）から通信機器やサービスを購入することも禁止される。この華為技術は、任正非《じんせいひ》をはじめとする元人民解放軍所属の軍事技術関係者たちによって創業されて以来、携帯電話のインフラ整備に必要な通信機器の開発で急成長を遂げた。

しかし、２０１２年10月、米連邦議会下院の諜報委員会は、華為技術と中興通訊の製品について、中国人民解放軍や中国共産党公安部門と癒着し、スパイ行為やサイバー攻撃のためのインフラ構築を行っている疑いが強いとする調査結果を発表し、両社の製品を合衆国政府の調達品から排除し、民間企業でも取引の自粛を求める勧告を出すなど、こうした面での警戒も強まっていた。同じく２０１２年３月には、オーストラリア政府も国内ブロードバンドネットワークの構築契約から華為技術を安全上の理由で除外。10月には、今度はカナダ政府が同国政府の通信ネットワークから華為技術を安全上の理由で除外したと発表するなど、絶えず警戒の対象となってきた。

これに関連してルビオ氏は、「拡大する中国の脅威に、わが国がどのように対応するのか。

これは現代において唯一、最重要な地政学的問題で、今世紀を定義づけるものになるだろう」との声明を発表したほどだ。

こんな華為技術だが、日本では2011年2月15日、中国企業初の日本経済団体連合会（経団連）加盟を果たした。しかし、日本政府は最近になってようやく、中国の同じ大手通信機器メーカーの中興通訊（ZTE）とともに、情報システム導入時の入札から除外する方針を決めている。一方で、筆者の住む地元福岡では、プロ野球のソフトバンク・ホークスで、事情を知らぬ選手たちがヘルメットにデカデカと華為技術（HUAEI）の赤い花びらをかたどった会社ロゴをつけて、球場を走り回っている。米国やオーストラリアで華為技術がどのような目で見られているかを知る筆者にとっては、何とも残念でならない。

米国の孔子学院も疑惑の集中砲火

さて、話を孔子学院に戻そう。

米国での新法案の共同提案者である南部サウスカロライナ州選出のウィルソン下院議員（共和党）は、「この法律の終着点は、外国政府と米国の大学、あるいは諸々の米共同体との透明な関係だ。だから、米国人は、孔子学院が外国政府による政治宣伝に夢中になっているのかどうかを知る権利がある」と語った。

米連邦捜査局（ＦＢＩ）のレイ長官も２０１８年2月、上院情報特別委員会の公聴会で、孔子学院が中国共産党思想の政治宣伝や中国政府のスパイ活動に利用されており、「捜査対象」になっていると明らかにした。

レイ氏は、孔子学院が米国内の中国人留学生や、中国の民主化・人権活動に携わる在米中国人の動向の監視にも活用されていると指摘している。

こうした動きに呼応する形で、２０１８年4月、米国で学生数が2番目に多いテキサス州のA＆M大学内にある孔子学院の閉鎖が決まった。クーラー下院議員（民主党）とマッカール議員（共和党）が超党派で、この年の4月、テキサス州の学校4校に書簡を出して警告していたのを受けての措置だ。

この中で両議員は、「孔子学院は中国側のスパイ工作機関であり、米国の安全保障を脅かしている。孔子学院は米国の教育機関の監視外にあり、中国の意向に沿った政治宣伝を行っている」と指摘していた。

だが実は、米国内における孔子学院を舞台とした中国政府による政治宣伝活動に反発する動きは、今に始まったことではない。

米紙ニューヨーク・タイムズ（電子版）の14年6月17日の報道によれば、米国大学教授協会（ＡＡＵＰ）が、中国政府系の文化機関「孔子学院」をキャンパス内に誘致した米国内の大学に対し、孔子学院が「学問の自由」を脅かしているとして、各大学に対して関係断絶を勧告しているのである。講師陣の選定や授業内容に中国政府の意向が強く反映し、「学問の自由」が侵害されているためだという。

教授協会によれば、カナダを含む北米地域には現在、孔子学院が90カ所以上ある。協会が各大学向けに出した声明によれば、孔子学院での講師陣の採用や指導、カリキュラムの選定、授業での議論が、「(中国の)国家方針」に沿う形で行われているとしている。そして、学院内での活動が、孔子学院の運営母体で「漢弁(Ｈａｎ-ｂａｎ)」と通称される中国教育省の傘下機関の監督下にあるというのは、いままで見てきた通りだ。

また、この声明では、「孔子学院は中国国家の手足として機能しており、『学問の自由』が無視されている」と批判。こうした状況が改善されない場合、「学院との関係を絶つ」べきだとしている。

これを受け、名門シカゴ大学とペンシルベニア州立大学はさっそく、孔子学院の閉鎖を決めた。実に物分かりの良い対応だ。予算も教師人事も大学側に渡そうとしない孔子学院側に対して、かねて不信感を持っていたのだろう。

実際、ノーベル経済学賞だけでも30人近くを輩出しているシカゴ大学では、１００人以上の教職員が孔子学院の閉鎖を求める嘆願署名を集めて大学に提出するという騒ぎとなっていた。

マサチューセッツ州選出のモールトン下院議員(民主党)は同じころ、州内にある約40の大学に書簡を送り、既存の孔子学院の閉鎖あるいは新設を認めないよう求めていた。

さらにその前には、米マイアミ大学の教授が２０１２年に、中国の軍拡化や中国指導部内の派閥争い、台湾問題、チベット仏教の最高指導者ダライ・ラマ14世——に関する議論を禁じている、と非難していた。

孔子学院への反発は米国内よりも、より重点的なターゲットにされた隣国カナダで強く、カナダ大学教師協会（ＣＡＵＴ）は２０１３年12月、「独裁政権の中国が監督し助成金を出す機関」などとする同様の声明を発表し、大学に学院との関係見直しを求めていた。カナダでは東部オンタリオ州トロント地区教育委員会も「学問の自由を規制し、学生を監視している」とし、孔子学院の受け入れを拒否する意向を示していた。これを受け、トロント市とナイアガラの滝の中間地点に位置するマクマスター大学などが、孔子学院を閉鎖している。

こうして、中国文化や中国語の普及という平和の使節を装った仮面が、剥がされつつあるのだ。

２０１７年10月、習近平国家主席は党大会で「新時代の中国の特色ある社会主義」を掲げた。清朝時代の版図回復を目指し、社会主義のニセ看板を掲げた一党独裁という暗黒社会を定着させようということだろう。チベットやウイグルを見るまでもなく、そこには人権もへったくれもあるまい。政権批判を許さぬ、未開国家への回帰でしかない。欧米や日本が育《はぐく》んできた自由、議会制民主主義の平和社会と戦う姿勢を明らかにしている。

日本に14ある孔子学院で働くスタッフの大半、そして語学授業などに通う生徒たちの多くは、中国の歴史や文化に対する純粋な興味、関心から「日中交流」に汗を流しているのだろう。それだけに、一党独裁で自国の民をないがしろにする中共政権の正当性を広めようとする北京の〝黒い意図〟に気づかぬ人々が痛々しい。痛々しいばかりではなく、良かれと思ってやっていること自体が、日本に害悪をまきちらしかねないのだということに気づいてほしいものだ。

孔子学院を強く牽制する米国防権限法が成立

米国の孔子学院をめぐっては、2018年8月13日、19年会計年度（18年10月～19年9月）の国防予算の大枠を定める国防権限法で、孔子学院の活動に制約をかける措置として、全米の教育機関で実施している外国語教育プログラムの予算が孔子学院に流れるのを国防総省が阻止する条項が、初めて盛り込まれた。

これは事実上、学院の閉鎖を迫るもので、18年になって、テキサス農工大、西フロリダ大、北フロリダ大で、孔子学院の閉鎖が相次いで決まったほか、中西部ミネソタ州では州議会議員41人が7月、孔子学院が設置されている州内のミネソタ大と聖クラウド州立大に、孔子学院の閉鎖を求める書簡を連名で送付している。

国防総省は、全米の大学院生向けに、国防上重要な地域の言語を高い水準で習得させる「言語フラッグシップ」と称するプログラムを実施しており、全米12大学で中国語講座を設けている。これら12大学のうち8大学には孔子学院も設置されているが、国防総省は、同省系の中国語講座と孔子学院の活動を完全分離させることにした。

これは、国防総省が孔子学院をスパイ工作機関と認知していることを裏づけるものだ。議会では、前出のマルコ・ルビオ上院議員（共和党）やテッド・クルーズ上院議員（同）らが、孔子学院を中国の宣伝機関として閉鎖するよう主張していた。

わが国も、政府の動きが鈍いなら議会主導で、日本国内の孔子学院の運営実態を明らかにしていくべきだ。

第三章　日本の離島が危ない！

人口35人の集落に6千人の中国人⁉

目の前に広がる大島海峡を隔て、約5キロ先の水平線に浮かぶ江仁屋離島《えにやばなれじま》。陸上自衛隊が2018年3月27日に創設したばかりの水陸機動団が、離島奪還のための着上陸作戦の訓練を実施している無人島だ。自衛隊が訓練場所を公表でもしない限り、ほぼ絶対に人目につかぬ、辺境の離島だ。

この目と鼻の先に位置する奄美大島南部の海岸に、中国人6000人を乗せた大型クルーズ船の接岸桟橋をつくろうという計画が浮上し、奄美大島全体を巻き込んでの騒動になっている。

どのエリアに、どのくらいの頻度で、どれぐらいの規模の大型クルーズ船を誘致するのか、国土交通省が詳細を明らかにしていないから断定はできないが、実際には2000人規模のクルー

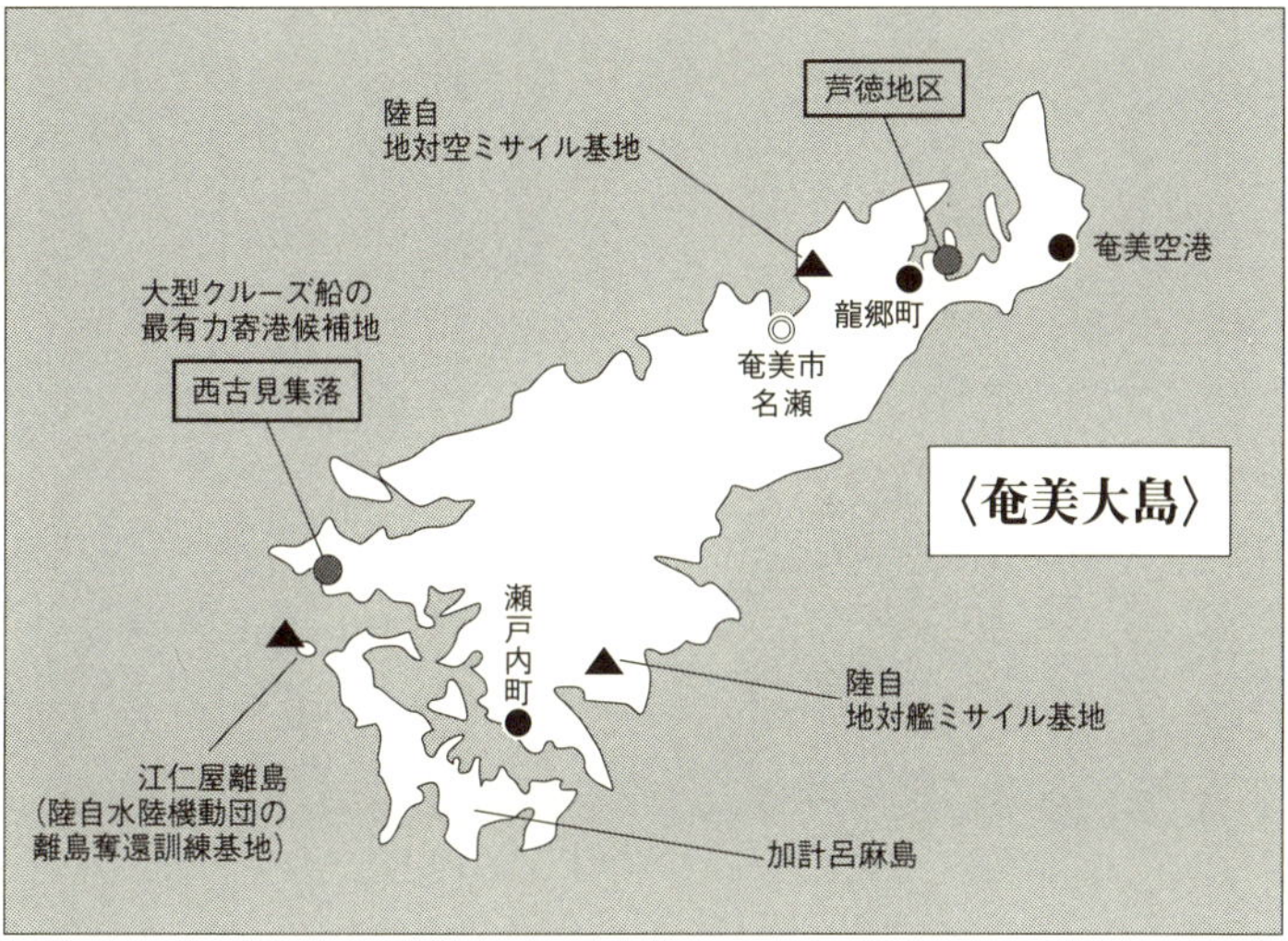

ズ船が年数回にわたって寄港することになりそうだという。それでもこの集落にとっては、想像を絶する規模の来客であることには変わりない。

それだけではない。中国軍を念頭に創設された、わが国が誇る陸自の水陸機動団の訓練を「どうぞ、自由にご覧下さい」と言わんばかりの場所に大型クルーズ船を誘致するというのだから、この島はいったい何を考えているのか、首をかしげたくなる。

その狙いは、いま流行のインバウンド（訪日外国人）、観光客の誘致ということだが、人口35人しかいない集落に、当初は6千人もの中国人が押し寄せるとの情報が錯綜した。しかし、現状ではレストランどころか、公衆トイレもない。そもそも、高齢者ばかりでほとんど人影もみられない。

誘致が確定したあかつきには、レジャー施設を建設する計画があるとはいうが、クルーズ船で日本にやってきて行方不明となる中国人が後を絶たない状況の中、彼らをどのように入国管理するというのか、皆目分からないのが現状だ。まさか、「どうぞ逃げてください」と言っておいて、後は猛毒のハブに取り締まりをさせる気でもないとは思うが……。

この大島海峡は、鹿児島県奄美大島と、その南西沖の加計呂麻島《かけろまじま》との間の狭い海峡をいう。太平洋にも東シナ海にも通じる立地と、潜水艦も遊弋《ゆうよく》できる水深は、軍事基地にするには格好の海域だ。最狭部の幅は約1キロ、長さ約24キロ。台風時には避泊水域となる。複雑な海岸線をもつ沈水性の水路で、瀬戸内《せとうち》と呼ばれる。沿岸に山地が迫り、平地に乏しい。潮流が強く、最大3・5ノットに達する。海峡内ではマグロ、真珠、海藻類などの養殖が盛んだ。

さきの大戦中には、戦艦大和や戦艦武蔵も身を隠すように停泊したことで知られる。日露戦争の際には、ロシアのバルチック艦隊を撃滅した東郷平八郎提督率いる連合艦隊が、リアス式で存在が目立ちにくい立地を生かして、たびたび寄航していた。

筆者の案内役を買って出てくれた地元関係者によると、この海峡内ではときどき、海上自衛隊の潜水艦が息継ぎでもしているかのように、不用心にも海面にひょっこりと顔を出しているのが見られるという。

またもや百聞は一見に如かずとばかり、梅雨まっただ中の2018年6月22日午後、さっそくこの海岸を訪れた。

接岸場所から小高い丘を登ると、旧日本帝国陸軍の見張り所だったコンクリート製のトーチカが現存する。１９４０年に建設された観測所の正式名は「掩蓋《えんがい》式観測所」。射撃目標の方向と距離を測定し、山かげに設置された砲台に連絡する役割を担い、壕内部の中央台座には監視用の高性能望遠鏡が設置されていた。２００4年5月に整備されるまでは、草木に覆われて外部からは見えないようにつくられていた。

トーチカの中に入ると、天井にはヤスデの幼虫が何千匹と群れをなして、びっしりへばりついている。細く長方形にくり抜かれた見張り穴の内側の壁には、80年前に描かれたとは思えないほど鮮明に、海上の島々や岩の絵と名称、距離がカラーで記されていた。

大型クルーズ船が来たら、上陸した中国人観光客は、トーチカのあるこの見晴らしの良い丘から、江仁屋離島や海峡を行き交う海上保安庁の巡視船を背景に記念撮影でもするのだろうか。

筆者は、長崎県佐世保市の佐世保港を見下ろす弓張岳展望台を思い出さずにはいられない。海上自衛隊の佐世保基地と米海軍基地を見下ろす絶好の場所に位置するこの公園では、中国人観光客がバス十数台を連ねてやってきては、くろがね色の護衛艦や停泊中の潜水艦をバックに、記念撮影を繰り返していたのだ。

ちなみにこれらの中国人観光客、公園内で缶ジュースを売る自動販売機の扉を開けて詰め替え作業をしていた飲料水会社のスタッフの動作を物めずらしそうにジッと見て、手に手にカメラで撮影会を始めていた。生まれて始めて見た光景なのかもしれない。

日本人の目につかぬ場所に中国人

中国人の、みながみな、他愛のない観光客なら特に問題もなかろうが、問題はこうした集団の中に、善意の観光客を装った工作員が紛れ込んでいないのかという点だ。奄美大島の大島海峡を望む旧観測所に、中国人工作員や中国人民解放軍で訓練を受けた武装観光客が、紛れ込まないとは限らない。

筆者がこの観測所を訪れた日は、南国特有の強い日差しはどこへやら、大気中の蒸気を目一杯吸った灰色の雲が、海辺の空を所狭しと覆っていた。

奄美大島南部の瀬戸内町《せとうちちょう》・古仁屋《こにや》地区から北西方向の海岸沿いに約38キロ、人口わずか35人という西古見《にしこみ》集落・池堂地区に着いたのは、午後2時過ぎだった。海岸までせり出した山肌を縫うように舗装された県道627号線。蛇行を繰り返しながら走るため、町の中心部からたっぷり車で1時間はかかった。

道のところどころで崖崩れが発生しており、被害がこれ以上拡大しないよう、大きな分厚い鉄板で山肌を囲う応急措置が施されていた。舗装された県道とはいえ梅雨のシーズンだ。崖崩れが発生して大きな落石にでも当たったら、自己責任としか言いようがない山道だ。路面には、猛毒のハブが車に轢《ひ》かれて潰れていた。

ようやく集落に着いた。しかし、人影はまったくない。車1台すれ違うのがやっと、という狭い道路沿い。瀬戸内町の中心部で、さほど都会と変わらぬ建物が建ち並ぶ古仁屋地区と違い、家屋はみな大人の胸の高さほどの、サンゴの化石でできた石垣に囲まれている。

家と家の間に、石垣と同じ高さほどの屋根つきの木箱の棚があり、自宅の庭でつくったとみられるスモモやパッションフルーツが、破格の安値で、無人のまま売られていた。

崖崩れの補修のためだろうか。時折通り過ぎる作業用トラックのエンジン音と、寄せては返す波の音以外は聞えない静かな海辺が、道路を隔てた民家の反対側に広がっている。

足元には、無数の小さなヤドカリが、どこに行きたいのか、足の踏み場もないほど右に左に動き回っている。そんな中に、青色をした体を持つ天然記念物のオカヤドカリがゆったり歩くが、これを捕まえて持ち帰ると「50万円の罰金」(地元住民)なのだそうだ。

大型クルーズ船の最有力寄港候補地、奄美大島・瀬戸内町の西古見集落・池堂地区＝2018.6.22

海辺のすぐそばに迫る切り立った崖には、霧が深く立ち込め、木々に身を潜める猛毒のハブの存在とともに、安易に人を寄せ付けない雰囲気を醸《かも》し出している。

奄美大島は年間の日照時間が日本一短いことで知られる通り、筆者が現地を訪れたときも、梅雨のシーズンで当たり前とはいえ、鉛色の雨雲が立ち込めていた。ジメジメした空気に包まれた山あいからは、クマゼミのシャワーのような鳴き声が聞こえていた。

東京から約１３００キロ、鹿児島から約３９０キロの、奄美群島に位置する奄美大島。福岡空港からは飛行機で約1時間20分。面積７１２・35平方キロで、北海道や本州など4島を除くと、択捉、国後、沖縄本島、佐渡島に次ぐ面積で、ロシアに不法占拠された北方領土を除けば、日本で3番目の大きさだ。

島は大きく分けて6つの地域にわかれる。

奄美空港のある奄美市の飛び地（旧笠利町《かさりちょう》）と、島最大の市街地のある名瀬《なぜ》（旧名瀬市）を抱える奄美市と、NHKの大河ドラマ「西郷《せご》どん」で有名になった龍郷町《たつごうちょう》、それに島西側の大和村《やまとそん》と宇検村《うけんそん》、加計呂麻島を持つ最南端の瀬戸内町だ。

龍郷町には九州電力竜郷発電所があり、単機出力1万キロワットの日本最大級のディーゼル発電機6台で、奄美大島の約66%の電気をまかなっている。名瀬発電所と瀬戸内町の古仁屋発電所、新住用川《しんすみようがわ》発電所（水力発電）の遠隔制御も行う。九電が金を落とすことで町も潤い、名瀬市との合併を拒否して奄美市を南北に分断する形で、ど真ん中に位置する。

ここには歴史的な名所がある。西郷隆盛が島流しとなり、１８５９年1月から約3年間を地元の名士、龍家の愛子（愛加那）と過ごした謫居《たっきょ》跡だ。笠利湾に面した静かな寒村に、ドラマ「西郷どん」の影響だろうか、時折観光客とおぼしき人が訪れていた。

ここも大型クルーズ船の来港問題で大いに揺れたのだが、それは後述する。

まずは、大型クルーズ船の寄港問題で揺れ続けている瀬戸内町の現状を報告する。

奄美の一部が中国の治外法権に

瀬戸内町の中心部から北西方向に位置する西古見集落。海沿いの山道を車で走ること約1時間。ひとけのない寒村・池堂地区に、排水量22万トン級で乗客5千〜6千人という大型クルーズ船がやってくるかもしれないというのだから、地元住民ならずとも驚いてしまう。

しかも観光客の数だけではない。その多くが中国本土からの旅行客だというのだから、地元をはじめ、奄美大島内での危機感は強い。なにしろ、彼ら中国人には領土の概念はなく、海外移住して共同体をつくったら、自分たちが住むその場所が「中国」だという人種なのだ。

大型クルーズ船の寄港に合わせて建設が予想されるレジャー施設での就労など、いろいろな理由や理屈をこねくり回すまでもなく、1人でも定住者が生まれるようなことになれば、そこは中国人居留地区となる。

中国人観光客が集落に来ないよう、レジャー施設を囲ってしまえば良いというアイデアも地元の一部で出ているが、逆に、そこが中国人居住区として治外法権状態になりかねない危険をはらんでいる。

実際、筆者が住む福岡市の天神周辺も、外国人観光客でいっぱいだ。

昼も夜も韓国語のほか、北京語や訛《なま》りの強い福建語、唾を飛ばしながら大きな声で会話する広東語とおぼしき言葉が、盛んに飛び交っている。

福岡市北部の玄海灘に面した博多港には、毎日のように大型クルーズ船が入港して、外国人客を陸に降ろす。彼らは友人同士、あるいは家族連れで、スーツケースを引きずりながら天神界隈《かいわい》を闊歩《かっぽ》している。

日本入国前に情報誌やSNSなどで仕入れていたのだろう。ドラッグストアで大量のおむつや化粧品、湿布の類を爆買いし、透明のビニール袋にこれでもかと詰め込み、引きずるように歩いている。プライバシーも何もあったものではない。

少子高齢化に悩む自治体が多い中、毎年人口が増え続けている福岡市という巨大都市だからこそ、こうしたインバウンドを吸収できるのだが、人口が増え続け「ひとり勝ち」と言われるこの街は、むしろ例外だ。過疎化や少子化に悩む今の日本の現状にとって、ある意味まったく参考にならない。

これとは全く逆に、過疎も過疎、離島の僻地《へきち》に外国人、それも素行が必ずしも良いとは言えない中国人が大挙してやってきたら、いったい村はどうなるのか。大分・高崎山のサルでも、容易に想像できるだろう。

今、この寒村に降って湧いた大型クルーズ船寄港問題は、島全体を揺るがす事態となっている。

では、だれが、何のために、こうしたインバウンドを誘致しようとしているのか。

ザル状態の離島防衛

交通の便、教育、インフラなど、すべての面で都市圏との格差が広がる離島。大型クルーズ船の寄港で揺れる奄美大島・瀬戸内町や、一度は誘致話が浮上して立ち消えとなった龍郷町の現状に入る前に、もう少しだけ待ってほしい。

外国資本に狙われる離島はいったい、日本全土にいくつあるのか、基本的なことを押えておかねば、いかにわが国が危険にさらされているのか、その実感がわかないと思うからだ。

公益財団法人「日本離島センター」によれば、日本の島数は、本島などを含めて6852島もあるという。

これを、北海道小樽市の海上保安庁第一管区海上保安本部から、沖縄県那覇市に本部を置く第十一管区海上保安本部までの11の組織で、世界6位（447万平方キロ）の広さを持つわが国の排他的経済水域（EEZ）を、カバーしなければならないというのだから、物理的な空間だけを見れば、まさに隙だらけ。海上保安官や海上自衛隊員らの苦労も、推して知るべしだ。

排他的経済水域とは、領海の基線から200海里（約370キロ）外側までの海域（ただし領海は除く）を指す。海域の海底や、さらにその下も含まれ、水産資源の獲得や鉱物資源などの開発、人工島などの建設が、他国の干渉を受けずに独占的にできる水域だ。

面積の広い順でいえば、1位は米国（870万平方キロ）、2位ロシア（790万平方キロ）、

3位オーストラリア（750万平方キロ）、4位インドネシア（590万平方キロ）、5位カナダ（560万平方キロ）となっている。

日本は、海の「深さ」も含めた「体積」だと世界4位となる。それだけ、レア・アースといった鉱物など海洋資源に恵まれているとも言えるが、広過ぎて、深すぎて、いま指摘したように、防衛の面ではザル状態なのが現状だ。

そして、有人島と無人島だが、この区分については、専門家の判断にも困難が伴う。付近の有人島や本土側から田畑の耕作のために出入りがある島や、漁期だけに定住が認められる島、国家公務員が交替で駐在する島など、半定住のようなケースが存在するためだ。

基本的には、5年ごとに実施される国勢調査において人口がカウントされた島、または市町村民基本台帳に人口登録されている島を有人島とし、そのいずれにも該当しない島を無人島として把握する。

有人島には、離島振興を目的に5つの法律がある。政府は毎年その実態を把握しなければならず、国勢調査人口および、市町村住民基本台帳への登録人口については、統計的に把握されている（離島統計年報）。

しかし、その他の有人島については、すべてを把握することは困難で、正確な数は分かっていないというのが現状だ。

国土交通省資料「日本の島嶼の構成」によると、平成27年国勢調査による日本の有人島数は

416島で、無人島が6432島となっている。

離島振興については、公明党が2002年に「奄美ティダ（太陽）委員会」を発足させ、離島振興の課題や要望をこまめに吸い上げ、奄美特措法の延長など、奄美群島の振興・発展に尽力してきた。

こうした活動が奏功したのか、奄美群島における公明党衆院選比例区の得票率は全国トップクラスで、2014年の衆院選では奄美全体で34・66％と、自民党の32・19％を抑え、得票率でトップとなっている。

2017年の衆院選比例区の得票率は、自民党の32・20％にわずかに及ばなかったものの、公明党30・47％と大接戦を演じるなど、地元密着の地域活動の強みを活かした選挙戦を展開している。

減り続ける奄美大島の人口

次に奄美大島の人口動態をみてみたい。問題なのは、将来の人口だ。いま少なくても、V字回復でもすれば問題はないのだが、ご多分に漏れず離島の奄美大島でも、人口減少は本土の限界集落並みに深刻だ。また、本土からの移住者であるIターンだけでなく、進学などで島を離れた若者らのUターンの促進も、大きな課題だ。

ただ、離島振興という耳に心地《ここち》よいキャッチフレーズの裏側で、土地の乗っ取り計画が着々と進んでいたらどうなるのか。それが、暴力や強制を伴うわけではなく、善意と友好の仮面をかぶってやってくるとしたら、それでも島民は歓迎するのだろうか。

離島の住人に共通するのは、隣人がだれかも知らない大都会と違って、人を疑うことを知らない、のんびりとした温和な性格と考え方、生き方だ。

奄美大島を歩けば分かるが、すれ違う人はみな、会釈だけでなく声に出してあいさつする。どこまでも人当たりがよい。特に子どもは元気で、みんなハキハキとあいさつする。横断歩道を渡る際には、右腕を上にまっすぐ伸ばして渡り、渡り終わるとドライバーの筆者に向かって深々とおじぎをする。

観光客は神様、というのが大げさならば、少なくとも、分け隔てなくVIP待遇だ。しかし、土地を狙う者が観光客を装い、微笑みながら近づいてきたとき、その本心を見破ることは並大抵ではない。どんなに人の悪い日本人でも、一度は煮え湯を飲まされると思っていた方がよい。それが世界基準であり、とりわけ、中国や南北朝鮮の国民性・民族気質と思っていて間違いない。北海道での水資源の爆買いにいそしむ中国人や、対馬で土地を買い漁る韓国人を見るまでもないことだ。

海外に行くと、日本人は詐欺師のカモにされやすいことで世界的に知られる。こういう人の良さにつけ込むのが国際社会であり、顔かたちは似ていても、中身がまったく異なる民族・国民であることを想起せねばならない。

その彼らが、奄美大島に目をつけていないとは限らないのである。

軍用機や潜水艦、海警と呼ばれる巡視船の出没で、尖閣諸島や沖縄の離島にばかり目が向くが、これは、中国人民解放軍という名の共産党の私兵による陽動作戦かもしれない。

今、奄美大島こそが、狙われている。

知らぬまに進む誘致計画

離島の過疎対策については、国・与党や市町村も、手をこまねいているわけではない。

奄美群島の振興を支援する先述の公明党・奄美ティダ委員会（委員長・遠山清彦衆院議員）の会合が2017年1月7日、奄美市名瀬の集会施設で行われた。会合には石田祝稔《のりとし》・公明党本部政務調査会長をはじめ、奄美各市町村の首長や議会議長ら約30人が出席して意見交換した。

会合では地元側から、過疎債対象の拡充や交通網整備、防災対策、沖永良部島《おきのえらぶじま》と沖縄間を結ぶ航空路線の新規開設、Ｗｉ‐Ｆｉ（ワイファイ）環境の整備を求める声が相次いだ。

会合に出席した人の話によると、石田政調会長は、2017年度政府予算案で奄美群島振興交付金が要求通りに満額（24億円）計上されたことを受け、将来の振興に関わる具体的な施策への提案を求めた。

また、この日の会合は民間と行政（6自治体の首長、議会議長）の2部構成で実施された。民間からは、観光や商工会議所、漁協、建設業などの分野から参加があり、中でもホテル業界は、近年急増する観光客の対応に苦慮している実情を訴えた。

特に、大型クルーズ船が寄港した際の受け入れ対応や、大量の観光客を運ぶ大型バスなどの車両の確保、ドライバー不足など、観光面で抱えている問題の解消を求めた。

また行政側からは、航空運賃や貨物の輸送コスト補助措置の継続や拡充に関する要望が噴出するなど、地域活性化につながる民間活動の支援策などをヒアリングした。

注目されるのは遠山氏の発言だ。

ただ、筆者が本稿を書いているのが18年7月だから、1年半以上も前の話になる。大型クルーズ船の寄港をめぐる問題は地元住民の意向も反映してかなり変わってきているし、遠山氏自身の考えも、当時よりは現在の方が、より慎重にはなっている。だが、大型クルーズ船の話が急浮上したこの当時はまだ、「イケイケ」感が否めない。

遠山氏は沖縄県那覇市を地盤とし、衆院比例代表九州選出の当選3回。参院議員時代を含めると勤続15年になるベテランだ。千葉市出身だが、ルーツは鹿児島県の沖永良部島にあり、祖父は宗前清《そうまえきよし》という自由党の政治家だったという。

遠山氏はこの会合で、格安航空会社ＬＣＣバニラエアの奄美大島～関西便就航への期待感を述べた後、「外国人観光客を呼び込むクルーズ船の誘致で奄美は取り残されている状況だ。地元で真剣に検討してほしい」（南海日日新聞２０１７年1月8日付）と語った。

大型クルーズ船の寄港問題は、反対派の地元住民にとっては晴天の霹靂《へきれき》で、「知らぬまに急ピッチで進んでいる」（関係者）ことへの不満が大きくなりつつあった。国土交通省が音頭をとる観光立国の旗印から、国が一生懸命であることはぼんやりと分かっていたものの、だれが、なぜ、誘致を進めようとしているのか、ようやくその輪郭を現わしてきたのが、遠山氏の発言だった。

入国審査の簡略化を求める公明党議員

話はそれよりさらにさかのぼる。

参院議員時代の２００７（平成19）年3月19日、遠山氏は第１６６回国会の、沖縄及び北方問題に関する特別委員会に出席し、注目すべき発言を行っている。

大事なことなので、以下に詳細を掲載したい。

遠山氏
「公明党の遠山清彦でございます。高市《たかいち》（早苗《さなえ》、沖・北担当）大臣、麻生（太郎外務）大臣、毎日ご苦労様でございます。私自身、公明党の沖縄県本部顧問、5年半務めておりまして、事務所も沖縄に置いているものですから、沖縄の直面する諸課題、大変重要だというふうに思っております。その立場からいくつか質問をさせていただきたいと思います。（中略）

最初に法務省に伺いますが、高市大臣、ちょっと、じっくり聞いておいていただきたいんですが、沖縄の那覇港には外国の客船が観光客を乗せて、不定期、定期、両方ありますけれども、寄港をしておりますが、深刻な私にとりましては問題が一つあるというふうに思っております。

それは、乗客の入国、出国審査に大変長い時間がかかるという問題でございまして、せっかく外国から旅行者が観光に来ても、沖縄観光を楽しむ時間が十分にないという問題なんです。

これ、具体的に申し上げた方が分かりやすいと思いますので、あるクルーズ会社の台湾からの定期客船が那覇港に来ておりますが、だいたい那覇港に8時間から10時間ほど停泊をいたします。そこで、船の中で対面審査の入国手続きをやるんですが、これ2時間以上かかるんですね。また、戻ってきて、出国する前に出国審査で1・5時間以上かかると。

まあそれは乗客の数によって時間は変わるんですけれども、最大で一番最後に出て一番最後に戻ってくると、4時間ぐらいその審査だけでかかってしまいますし、短くてもまあ2、3時間かかってしまうんですね。そうすると、7、8時間しか泊まってないと半分ぐらい審査で終わるということで、大変な苦情が出ております。

実は、この問題解決のために沖縄のある民間人の方が、いま民間人でも特区申請できるようになりましたので、特区申請をいたしました。これは入国審査の緩和に関する特区申請なんですが、その内容を一言で言いますと、沖縄に入港する外航クルーズ客船の乗客名簿を事前に提出し、入港後は船側が責任を持って乗客全員の旅券を回収して一括で入国、出国審査を行うと、それで時間を短縮するということなんですが、残念ながら法務省はこの特区申請を認めなかったわけでございます。

まず法務省、なぜこの特区申請は認められなかったのか、またこの問題についてどういう改善努力を法務省として考えておられるのか、簡潔にご答弁いただきたいと思います」

政府参考人（稲見敏夫・法務省入管課長）

「沖縄に限定いたしまして別個の入国審査を実施するというのは非常に困難だと言わざるを得ないということで、特区申請につきましては否定的な回答をさせていただいた次第でございます。ただ、委員（遠山氏）ご指摘の沖縄に入港するクルーズ船につきましては、その多くが朝入港し、当日の夜出航すると、観光のための時間が短時間に限定されていると、この特殊性も踏まえた対応をしていく必要があると考えているところでございます。

具体的な対応を申し上げますと、入国管理局といたしましては、クルーズ船が着岸してから入国審査を実施するのではなく、クルーズ船の入港前に、沖合で私どもの入国審査官、これをいわゆる沖乗りと申しますが、沖で乗せまして、そこでクルーズ船の着岸前に入国審査を終わらせる。そのことによってクルーズ船が着岸したそれと同時に、乗客のみなさま方には観光のため円滑に下船、上陸していただけるようにしたいと考えているところでございます。
この沖乗りの対応ですけれども、従来不定期に入港するクルーズ船を対象としていたんですが、これを今年から沖縄の場合のように、定期的に入港してくるクルーズ船にまでその対象を拡大しようというものでございます」

遠山氏
「すみません、入管局長、確認ですけど、これ、すべての沖縄に入ってくる外国からの定期便について、今年からというか、来年度からやるんですね。確認です」

政府参考人（稲見・入管局長）
「（平成）19年（2007年）度から、沖縄県内の海港に入りますクルーズ船を、定期、不定期を問わず対象として実施する予定でございます」

遠山氏
「高市（沖縄・北方担当）大臣、これは今までの、なかなかすばらしい答弁で私、感動しているんですが、今まではやっぱり入国としては不法就労者、不法滞在者を水際で防ぐという原則論があるので、なかなかこういうのは難しいというのは私も理解していたんです。

ただ、外国の豪華クルーズ船で来る客で、沖縄で不法滞在というのか不法就労をねらっている人というのはいないんですね。

私がこのある特定のクルーズ会社に確認をしたら、平成何年だったかな、9年から17年でゼロなんです、そういう客は。

《筆者注：長崎県や福岡県に寄航する大型クルーズ船の乗客で行方不明者が続出したり、不法滞在に協力した日本人が逮捕されたりという事例については、別途紹介する》

ですから、また、韓国、シンガポール、まあ韓国は済州島ですけど、マレーシア、ベトナム、中国、台湾は、もうクルーズ客船で来る外国旅行客はウエルカムですから、これはもう審査なんかで時間取らせないんですね。

もう上陸したら即、どうぞお土産屋さんに行ってください、観光してくださいというふうにやってるんです。日本は頭固いんですよ。まあ局長が固いって言ってるんじゃないですけど。

《筆者注：大型クルーズ船の乗客が相次いで行方不明になっている実態を考えれば、法務省入管局の審査は頭が固いからというわけではなく、事態を想定して慎重かつ厳しく行うという当然の任務だったのである。むしろ特定のクルーズ会社にだけ確認して、それも時期についてあいまいなまま質問し、乗客が帰船したかどうかの確認に責任を持たない船舶会社の回答を鵜呑みにしているのだとしたら、遠山氏ともあろうベテラン議員らしくない、脇の甘い見方という指摘を免《まぬが》れない》

だから、ぜひ、高市大臣、これは沖縄の観光のために、今、仲井真弘多《なかいまひろかず》県知事も沖縄をもうちょっと海洋レジャーの拠点化したいということで、マリーナを全県につくろうとか公約掲げているところでもございますので、ひとつご協力をいただきたいと思いますが、もうコメントで結構です。よろしくお願いします」

高市大臣

「私も入管局長のすばらしいご答弁に大変感謝をいたしております。やはり船から降りて滞在していただく時間が長ければ、お金をたくさん落としていただけるチャンスも増えるわけですから、ぜひとも法務省の方で約束を守って、よろしくお願いしたいと思います」

引用は以上である。筆者も、入国審査を簡略化することのメリットは分かる。しかし、広大な海岸線を持つ日本の入国窓口がどのようにして緩められ、不法滞在者が増えていくのか、引き続き、立法の現場を注意してみていかねばならないと感じている。

公明党と中国の太いパイプ

「外国の豪華クルーズ船で来る客で、沖縄で不法滞在というのか不法就労をねらっている人というのはいないんですね。私がこのある特定のクルーズ会社に確認をしたら、平成何年だったかな、9年から17年でゼロなんです、そういう客は……」

この、観光立国の先頭に立つ公明党の遠山清彦衆院議員の言葉をあざ笑うかのように、福岡県・博多港、長崎県・佐世保港では、行方不明になる中国人が相次いでいる。外国人観光客の誘致と地元活性化のために汗をかく遠山氏の熱い思いに冷や水をかけるのが、こうした不良中国人らだ。

その遠山氏だが、総務省の政治資金収支報告書によると、2015（平成27）年分には掲載されていなかった、都内の「日中民間交流研究所」（早乙女晃一代表）というところから、翌年の16（平成28）年には、30万円の寄付を受けていた。

クルーズ船で来日する乗船客の入国審査を簡素化する出入国管理及び難民認定法の改正で、新たにビザなし、顔写真撮影なし――の、ないない尽くしの簡易審査が制度化されたころと同時期なだけに、関心は尽きない。

だいたい、中国の程永華駐日大使が、日本で中国人留学生の正式な受け入れを初めて行った創価大学を卒業するなど、創価学会は今なお中国との深い関係にある。もちろん創価学会は、言わずと知れた公明党の支持母体であり、遠山氏も同窓だ。

東京・永田町にある遠山氏の議員会館事務所には、国家副主席時代の習近平氏や中国共産党幹部らと笑顔で握手している写真が、ところ狭しと飾られている。

観光立国の旗振り役である観光庁を所管する国土交通大臣も、第5、6代の北川一雄氏（2004年9月〜06年9月）、第7、8代の冬柴鐵三氏（2006年9月〜08年8月）、第18、19代の太田昭宏氏（2012年12月〜15年10月）、第20代の現在の石井啓一氏（15年10月〜）と、旧民主党政権を除けば、国交省がスタートしてからほぼ半分の期間、公明党議員が大臣を務めるなど、党を挙げて観光客誘致問題で影響力を発揮してきた。

遠山氏の解説によれば、本来公明党は、経済財政諮問会議に常時出席できる経済産業大臣ポストを欲していたのだが、自民党がテコでも譲らず、結果的に国土交通相ポストが回ってきているのだという。つまり、何も好きこのんでこのポストに座っているわけではないのだと。

中国人をはじめとする外国人観光客については、もちろん、安倍政権が音頭をとり、自民党を含む政府・与党が一体となって、観光立国を目指してクルーズ船を誘致しているという大きな流れはある。ただ、九州にあって、そのなかでも際立つのが、公明党の動きなのである。

遠山氏の国会での質疑や民間団体からの寄付金の流れ、公明党議員が座る大臣ポストとその長さといった客観的な事実が問いかけるのは、中国と太いパイプを持つ公明党が政府と一体となって旗振り役となり、観光立国のかけ声のもとに大型クルーズ船の中国人観光客を積極的に誘致して、日中の交流拡大を図ろうとしてきたという、まぎれもない事実なのである。

公明党と中国の蜜月関係は、日中国交正常化の前にさかのぼる。そして、歴代首相の靖國神社参拝などをめぐり、これは中国側に言われる筋合いのない問題であるのだが、結果として日中両国の関係がぎくしゃくする局面で、公明党が大なり小なり、火消し役を果たしてきたのもまた、事実である。

さきにも述べたように、こうした公明党と中国の関係は、田中角栄首相が訪中して国交正常化を成し遂げる2カ月前の、1972（昭和47）年7月23日にまでさかのぼる。この日、公明党委員長・竹入義勝は、東京・目白の田中角栄邸を訪問した。翌々日からの訪中を前に、日中間のパイプ役を買って出たのだ。当時の中国は、台湾への圧力強化やソ連との対立が激化していたという事情もあり、多角的かつ重層的な外交を強化する必要性があったとはいえ、竹入氏の訪中は、中国側にとってもまたとないチャンスだったのである。

その後、日中は国交を正常化し、日中平和友好条約の締結に至るのだが、これが縁で、今でも公明党最大の支持母体である創価学会は多くの中国人留学生を受け入れ、先述の程永華大使のほか、駐長崎総領事や駐札幌総領事を歴任した外交官の滕《とう》安軍も創価大卒という人脈を、中国政府内に持っている。

消えるクルーズ船の乗客

さてここで、公明党・創価学会と中国の関係はひとまず脇に置いて、クルーズ船の問題に戻ってみたい。

不法就労目的でクルーズ船に乗って来日する中国人は、ひと握りに過ぎない。それどころか、「爆買い」で日本景気に大いに貢献しているのは確かだろう。しかし、わずかな数であれ、緩くなった入国審査の抜け穴を利用して失踪する中国人が後を絶たないのもまた、確かである。

なにしろ大型クルーズ船が運んでくるのは、民主的な総選挙など考えたこともやったこともない、共産党一党が統治する独裁国家からの観光客である。ここに工作員が紛れ込んでいないと、だれが言えるのだろうか。工作員どころか、平時にあっては、麻薬密売人や詐欺師、犯罪集団といったチンピラふぜいが、続々と神聖なわが国の国土に足を踏み入れつつあるのだ。

実際の数字をみてみよう。クルーズ船での来日客は、2014（平成26）年には約41万人だったが、船舶許可の制度ができた15年は、その3倍近い約111万人にのぼった。2016年は、すでに160万人を超えている。寄港地では乗客が、バスや電車で自由に観光に出かけるため、集合時間に現れずに姿を消す「不届き者」が後を絶たない。

入国管理局や警察当局によると、船舶許可を受けて失踪した外国人は、2015年が21人、16年は11月現在で32人だった。そのほとんどが、博多港や長崎港からの入国だ。このうち27人は国内で見つかり、強制退去になっているが、行方不明のままの失踪者も少なくない。

2016（平成28）年版の犯罪白書によると、わが国に在留する外国人のうち、不法残留者の人員は、1993（平成5）年に過去最多の29万8646人を記録した後は、徐々に減少している。

2003（平成15）年12月の犯罪対策閣僚会議における「平成20年までに不法滞在者数を半減させる」との政府目標のもとで、厳格な入国審査や関係機関の密接な連携による摘発等の総合的な対策を行ったところ、14（平成26）年には6万人を下回り、03年の5分の1までに大幅減少したのである。

しかし問題は、15（平成27）年からは2年連続で不法残留者が増加している点だ。16（平成28）年1月1日現在は6万2818人（前年同日比4・7％増）だった。14年の通常国会で「出入国管理及び難民認定法の一部を改正する法律（入管法）」が可決、成立し、同年6月18日に公布されたのと時期を同じくして、不法残留者が増加しているのである。

ここで留意しなければならないのは、新たに制定された「船舶観光上陸許可」（第14条の2）だ。これは特例上陸許可の1つで、法務大臣が指定するクルーズ船の外国人乗客の利便を図るものであり、船が出港するまでの間に帰船することを条件に、観光のため、30日（寄港地が1カ所の場合は7日）を超えない範囲内で上陸が認められるとされている点だ。

この船舶許可による上陸はビザが不要で、1つの寄港地につき最長7日の滞在が認められる。出入国記録の記入も簡略化された。顔写真の撮影も省略され、手続きが1時間ほど短くなったのが特徴だが、大甘《おおあま》と言わざるをえない。

トランプ米大統領やロシアのプーチン大統領、中国の習近平国家主席、欧州各国の首脳と対等以上に渡り合う絶妙の外交政策や、アベノミクスを高く評価する筆者だが、こと観光立国化を目指した「ゆるゆる」の観光政策や出入国管理体制に関しては、安倍政権には断固として政策の見直しを求めるものである。

さて、法務省入国管理局によると、こうした改正法は「経済のグローバル化の中で、わが国の経済の発展に寄与する外国人の受け入れを促進するため、高度の専門的な能力を有する在留資格をもうける等の在留資格の整備を行うほか、上陸審査の手続きの一層の円滑化のための措置等を講ずるものである」としている。「等」が付くところが法の抜け穴を想起させる、実に日本の国内法らしい文章である。

トランプ大統領の出現や、英国の欧州連合（EU）脱退で、世界は経済のグローバル化というよりも、むしろ保護主義的な「自国ファースト」が潮流になっている昨今だ。わが国にはわが国の事情もあるので、何でもかんでも「グローバル化」を旗印に、押しつけの国際基準に合わせる必要はまったくない。

だいたい、ことあるごとに日本を「軍国主義の亡霊」うんぬんといって中国国民の敵愾《がい》心を煽り、軍艦などで尖閣諸島周辺や八重山諸島周辺の領海を侵犯しているのはどこの国か。爆買いしてくれるからといって、確たる経済効果の裏づけもないまま観光誘致ばかりが前のめりになってミソもクソも安易に入国させているのだとしたら、そちらの感覚こそがよほど間違えていると言わざるをえない。

2019年はラグビーのワールドカップが日本で開催され、九州もその舞台となる。翌年はもちろん、東京オリンピック、パラリンピックがあり、多くの外国人の来日が想定される。わが国は何があっても、テロリストを入国させるわけにはいかないのである。

その芽が出ているというのに、警備当局の対策は後手に回っているというのが現状だ。

相次ぐ中国人船客による犯罪

ここで、入管法改正以降のクルーズ船がらみの犯罪をみてみよう。

まず、入管法改正と時を同じくして、クルーズ船の乗客が出港時までに船に戻らず、不法残留した疑いのあるケースが、福岡県や長崎県で相次いで確認された。さきにも述べたように、背景には外国人の「爆買い」への期待を理由とした入国審査の簡易化があり、不法入国の新たな手口にされているのである。

国土交通省が2017年1月に発表した資料によると、16年の1年間に来日したクルーズ船の乗客数は前年比78・5%増の199・2万人で、寄港回数は前年比38・8%増の2018回（外国船社1444回、日本船社574回）となり、過去最高を記録した。同省は、「明日の日本を支える観光ビジョン」（16年3月30日）に掲げられた目標である「訪日クルーズ旅客を2020年に500万人」の実現を目指す。

クルーズ船で入国した外国人旅客数は、15年に約111・6万人と、初めて100万人を突破し、翌年には前年比78・5%増の約199・2万人と、さらに大きく増加し、過去最高を記録している。クルーズ船の寄港回数を港湾別で見ると、1位が博多港で328回（前年1位、259回）、2位 長崎港197回（同2位、131回）、3位 那覇港193回（同4位、115回）となっている。

前述の博多港は、15年に外国クルーズ船の寄港回数が245回と日本一となり、定員数1000人の船が毎日のように押し寄せ、大型の観光バスで博多や天神といった繁華街に大挙して繰り出している。しかし、彼《か》の国のことだ。「爆買い」の裏側ではご多分に漏れず、失踪する中国人が後を絶たない。

福岡県警によると、15年は11人、入港が400回を超えた16年は、若松港（北九州市）も含めると6人の中国人がツアー途中で失踪した。

長崎市の長崎港でも2015（平成27）年は11人、16年は佐世保港（長崎県）も含め6人が船に戻らなかったと長崎県警は明らかにする。そのうち福岡の2人は京都府と福岡県でそれぞれ見つかり、長崎の失踪者の一部も見つかったが、残りは不法残留しているとみられる。

法務省入国管理局によると、先述のように不法残留者は2016年1月現在で6万3千人近く。判明したクルーズ船からの失踪者数は全体からするとわずかだが、国土交通省によると、昨年クルーズ船で入国した外国人は前年比2・7倍の約111万6千人もいるのである。観光立国を目指す政府は2020年に500万人の目標を掲げており、捜査関係者は「さらに失踪者が増える恐れがある」と懸念する。

入国管理局は、テロ対策などとして07（平成19）年から入国時の顔写真撮影と指紋採取を義務づけたが、昨年1月、クルーズ船客を対象に写真撮影を省略する制度を本格導入した。数時間かかっていた審査の待ち時間を短くするのが狙いで、実際に1時間前後短縮できたという。

入国管理局は、「（写真撮影の省略は）不法残留者を出さない取り組みの有無といった観点から、法務大臣が許可した船に限っている」と、出入国管理の厳格さは損なわれていないと主張する。しかし、法相が何を基準に写真撮影の省略を許可しているのかは判然としない。

少ない人数で5～6千人の外国人乗船客の出入国をチェックするのは並大抵の勤務ではなく、取り締まる入管当局の努力には敬服する。だが、「円滑」と「厳格」という、入管当局に課せられた課題は、少なくとも失踪者や不法残留者の増加を見る限り、「円滑」に傾き過ぎているようでもある。

それがなぜ不安視されるのかといえば「旅行代金が安くなり、富裕層以外の、見るからに怪しげな客も多くなった」（捜査関係者）からだ。そして、「日本の入管審査が緩くなったという情報はインターネットなどで広まりやすく、不法残留狙いでクルーズ船を利用する人もいるのではないか」と懸念を示す。

福岡入国管理局も、失踪の疑いがある場合には旅行会社にすぐ通報してもらうなどの対策を練っているが、どこまで効果を挙げているのかは判然としない。

止まらぬ中国人の失踪

福岡市によると、昨年秋の調査で中国人客1人当たりの平均消費額は10万7千円。確かに訪日客の経済効果は見過ごせないが、爆買いはここのところ小休止状態だ。一方、中国メディアによると、中国人客1人当たりの平均消費額について、約30万円という数字もある。

筆者が住む福岡市天神界隈でも、それまではバス数十台がショッピングモールに殺到して渋滞の元凶となっていたが、ここ数年はそういった光景は見られなくなり、爆買いも下火になった感はある。

しかし2018年になって、またぞろ、中国人と思《おぼ》しき集団が手に手に薬や化粧品を買い込んだビニール袋を持ち、天神界隈を闊歩する姿が見られるようになってきた。そういうわけで、爆買いがちょっと下火になったからといって、審査の簡易化に歯止めをかけるなどの、入国を厳しくする動きは期待できそうにない。

一方、「諸外国と比較し、日本の入国管理や在留管理は厳格だ」と指摘するのは、国士舘大の鈴木江理子教授（移民政策）だ。

鈴木氏は、「審査が緩いと思われれば（クルーズ船を利用した）不法残留者が増える可能性もある」としながらも、「訪日客増加による経済的メリットも踏まえて対応を検討すべきだ」

とし、入国審査の簡易化に理解を示している。

そんな中、改正入管法が施行された1年後の2016（平成28）年暮れになってようやく、クルーズ船を利用した失踪事件が世間の注目を集めるようになる。

同年11月末までに、船舶観光上陸許可を使って来日した外国人で失踪したのは、全国で53人にのぼった。大半が中国人で、その半数近くはいまだに行方不明というありさまだ。彼らは、国内に滞在して働いている疑いがある。不法就労だけが目的だとしてもけしからん話だが、この連中が有事に備えた中国人民解放軍の工作員だったとしたらと思うと、ゾッとする。

さきにも述べたように、中国には2010年に施行された国防動員法という名の〝テロ推進法〟がある。平和なわが国からみると、どうみても破壊活動を奨励しているとしか思えない法律である。

これが発動された際、クルーズ船を使った船舶観光上陸許可で入国して不法滞在する工作員が、それまでに日本国内に築いた橋頭堡《きょうとうほ》を拠点として、合法的に日本に滞在する同胞を束ねて一斉蜂起することだって、十分あり得るのである。

これまでも述べてきたように、国防動員法という名の戦争動員法は、中国国内はもとより、海外で中国国籍を持つ華僑や、他国に移民して帰化した華人らも対象で、彼らを「平時から戦争に動員する」ことが可能な法律だ。

だから、大型クルーズ船で大挙して押し寄せる中国人観光客の「人的圧力」を日ごろ感じている博多っ子の背筋を凍らせたのは、18年6月14日、JR博多駅～小倉駅間の山陽新幹線で、博多発東京行き・のぞみ176号（乗客約200人）が男性をはねた死亡事故の発生だ。

福岡県警の調べだと、この男性介護士（52）は、周辺の線路高架に掛かっていたハシゴか階段を使って線路内に侵入したとみられているが、これがテロリストだったら、「小動物に当たったと思われた衝撃音は、大人の男性をはねた音だった」では済まない事態となる。

新幹線は、原子力発電所や火力・水力発電所、高速道路、空港、港湾といった、社会基盤の根幹をなす重要施設である。この事故について捜査関係者は、「電車に人がはねられた、単なる交通死亡事故ではない」（警察庁関係者）との見方を示している。

一般の男性ですら、高度に電子化され、厳重だったはずの線路周辺の柵をいとも簡単に乗り越えて線路内への侵入を果たしたのだから、訓練を受けた工作員にとって、線路内に侵入するのは朝飯前のことだろう。手榴弾などの爆弾類を投げつけでもしたら、史上最悪の列車事故になりかねない。

スウェーデンでは移民がギャング化

こうしたことは、脅《おど》かすわけでも何でなく、十分あり得ることなのだ。

事実、近代の移民受け入れ大国、北欧のスウェーデンでは、ギャング化した不法移民らに街が乗っ取られる事態となっている。スウェーデンだけではない。移民に物分かりの良い、偽善者ぶったメルケル政権が頭を抱えるドイツなどでも深刻だ。

このスウェーデンだが、トロルハッテンという街では、移民で構成されたギャングが老人介護施設を襲撃し、街の中心部を占拠。施設の職員や老人たちから金品を巻き上げた上に暴行を加え、最後は施設に放火するという悪行非道ぶりを見せつけた。

政府の移民政策によって入国した、バルカン半島系、イスラム系、アフリカ系の移民が、生活保護を受けながら国内を横行した。時には違法送金（テロ資金など）や武器密輸、破壊活動（放火、略奪、爆破）など、あらゆる犯罪に手を染めた結果、スウェーデンのいくつかの都市、マルモ、トロルハッテン、ゴッテンベルグ、ソダータリエ、ストックホルムといった街は、もはや「内戦」と言っても過言ではない様相を呈している。

彼らはなぜスウェーデンを目指すのか。それはスウェーデンが、①入国管理が甘い（身元証明が不要、犯罪歴の調査がない）、②外国人にも手厚い福祉（生活保護など）、③警察の取り締まりが弱い（手が回らない）、④政府が移民を奨励している、からである。

移民問題が世界的な問題となる中、ただ数字だけの達成を目指して、怪しげな観光客をバンバン入れようとするわが国と、どこまでも似ている点が気味悪い。

そして、そのひずみは早くも出始めている。

２０１６（平成28）年11月、兵庫県篠山市の山あいにあるキノコ園に県警捜査員が踏み込むと、中国人の男女15人が働いていた。県警は、在留期間が過ぎていた7人を入管法違反（不法残留）で逮捕した。このうち男2人組と夫婦1組の計4人は、それぞれ中国からクルーズ船で来日し（船舶許可による滞在期間は2日間だけ）、寄港した博多港で姿を消していた。

10月17日に上陸した男2人組のうち山東省の男（34）は、「船に乗り遅れ、途方に暮れていたら声をかけられた」と弁明した。だが、一緒に来た男（53）は、「仕事をするために船で来た」と就労目的を認めているから、山東省男の見えすいたウソはバレバレだ。男らは、ブローカーの手引きで車に乗せられ、港から480キロも離れたキノコ園にたどりついたのである。

また、11月4日に入国した遼寧省の夫婦は、中国版ツイッター「微博（ウェイボー）」を使って船上でブローカーと連絡をとり、この働き口を見つけた。JR新大阪駅で関係者と合流したとみられ、妻（36）は「子どもの学費を短期間で稼ぎたかった」と供述している。

関係者によると、このキノコ園はここ数年で何度も経営者が入れ替わり、最近は休業していたという。近くに住む男性は「見慣れない車が出入りし、不審だった」と声を潜めて語る。

この中国人らはプレハブ小屋で共同生活し、月給18万円でシイタケ栽培の作業をしていた。居住する小屋の中はベニヤ板で仕切られただけの個室で、食事は自炊。ほとんど外出もできずに、1日12時間以上の労働が常態化していたという。

捜査関係者は「就労目的で、審査が甘いクルーズ船を狙ったのだろう。今後も警戒が必要だ」と毎日新聞に語っているが、まったくその通りだ。

まだある。

同じく16年12月、台湾発の大型クルーズ船で沖縄にやって来た台湾人の男3人が、覚醒剤約6キロを密輸したとして、覚せい剤取締法違反（営利目的輸入）の容疑で沖縄県警に逮捕された事件である。

県警は、密輸に関係した別の台湾人の男3人と合わせ、覚醒剤約17キロ（末端価格11億9千万円相当）を押収した。捜査関係者は、急増する外国クルーズ船の入国審査が簡易にとどまり、沖縄が台湾ルートの薬物密輸中継地になっている可能性を指摘している。沖縄地区税関は同日、さきに逮捕された3人を関税法違反（輸入未遂）の容疑で那覇地検に告発した。捜査関係者によると、この3人は16年12月20日、台湾発のクルーズ船で来沖《らいおき》し、腹に覚醒剤を巻き付けて入国を試みたという。

また、後に逮捕された3人は、受取人として一時、那覇市内に滞在。県警が潜伏先を警戒していたが逃走し、その後、本土で逮捕された。沖縄県内では16年6月にも、国内最大の押収量である覚醒剤約600キロを輸入しようとした台湾人4人が起訴されている。捜査関係者は、台湾マフィアが密輸攻勢をかけている可能性もあると指摘する。

ある刑事の、以下の言葉が重くのしかかる。

「一度に数千人の乗客が下船するクルーズ船では、入国審査がおろそかになる。密輸犯も、こうした通関業務の人員不足を見越し、沖縄に目を向けている可能性がある」

特殊詐欺にも関与する中国人船客

不法就労や覚醒剤の密輸だけではない。彼らは日本国内で詐欺まで働いているから救いがたい。警視庁は2017年5月18日、特殊詐欺の「出し子」をしていたとして、中国籍の林文秋(34)＝入管法違反の罪で公判中＝を、詐欺の疑いで再逮捕したが、本人は容疑を否認しているというからタチが悪い。

林はクルーズ船の観光客を装い、「上陸許可」を得て中国から入国し、不法に滞在していた。しかもこの林は、2004〜2005年の日本国内滞在中、建造物侵入などの容疑で逮捕され、有罪判決を受けて服役しているのである。そして2006年に強制退去処分を受けたのだが、懲《こ》りない林は16年2月に中国・上海発のクルーズ船で博多港に入り、入国審査の手続きが簡易な船舶観光上陸許可で入国していたのである。

滞在許可は上陸の翌日までだったが、入国当日に川崎市の知人宅へ行き、そのまま不法に滞在している。

中国資本のニュース配信会社、レコードチャイナまでが、こうした実態を報じた。

また、日本で発行されている中国語紙の中文導報も2017年8月1日、中国から日本を訪れる観光クルーズ船の増加に伴って、福岡県や長崎県などで滞在中に姿をくらます中国人客が増えている――と報じた。実際、福岡県警は7月中旬に「複数のクルーズ観光客を不法入国させた」として、密航組織の一員とみられる中国籍の男を逮捕している。

博多港ではこの年の4月5日、中国人の男女1組がクルーズ船の出港時間になっても乗船していないことが発覚し、2人が4月10日、茨城県内の駅で37歳の中国籍の男と会っていたことを突き止め、密航に関与した疑いがあるとしてこの男を逮捕した。同時に、兵庫県警がシイタケ園で不法就労していた中国人を逮捕したことも報じた。

17年は11月末までに、少なくとも59人が失踪するなど、失踪者は前年の1・6倍にのぼり、そのうち寄港数の多い九州での失踪が95％を占めている。

元法務省入国管理局長で日本大学の高宅《たかや》茂教授（危機管理）は、「就労目的で日本に不法入国する中国人が後を絶たない中、クルーズ船の利用が拡大し、日本に入国する際にビザが不要で審査が緩和されたことがよく知られるようになり、悪用されたようだ。今後はクルーズ船の利用拡大に伴い、同様の手口の不法入国が増える恐れがあるので、乗客の本人確認を行うクルーズ船の運航会社と入管などの当局がしっかり協力していく必要がある」と警鐘を鳴らしている。

そんな中国人たちへの「ビザ免除」

最近では、クルーズ船で来日する中国人観光客への入国審査の簡素化どころか、「将来的な中国人へのビザ免除」まで口にして、逆に中国側から警戒されるという、ギャグ漫画のようなことが起きている。

中国のネットユーザーの中には、「わが国（中国）が日本に比べていかに遅れているかを、多くの同胞（中国人に）見せつけて、政権への不満をかき立てる気だな」といったコメントが出るほどだ。

また、「日本の環境やマナー、商品の質は中国とは比べものにならない」という真っ当な見方のほか、「ビザ免除になったら日本をたたきつぶしに行ってやる」「1億の中国人観光客が日本に行ったらどうなるか、覚えておけよ小日本」などという洒落にならない書き込みもあった。

中国国内での人口爆発を見ても、どう見たって、生物学的に見た中国人の繁殖力は、日本人よりも相当に強い。そのインパクトは、夏場に大繁殖して嫌われる害虫のようでもある。

さて、この中国人へのビザ免除という無責任なことを平気で口にしたのが、自民党の木原誠二衆院議員だ。外務副大臣だった2017年当時、中国メディアの代表団に語っている。日本人の民意を置き去りにして、何を勝手なことを口走っているのか。失踪中国人が犯す犯罪に、きちんと責任を負えるのかと問いたいものである。

中国のポータルサイト・今日頭条は、日本の観光客誘致計画として、訪日中国人は2020年に4000万人に達し、2030年には6000万人になる計画だと紹介し、「訪日中国人が日本経済に与える影響は非常に大きい」としている。

しかし今日頭条は大事なことを間違えている。国土交通省によると、これらの数字は「訪日中国人」ではなく、訪日「外国人」旅行者数であり、その人数が、2020年に4000万人、2030年には6000千万人となっているのである（政府の「明日の日本を支える観光ビジョン2016」より）。

百歩譲って政府目標の訪日外国人旅行客のうち、かなりの数の中国人旅行者が含まれるとするならば、確かに日本経済に与える影響は小さくなかろう。今日頭条がこの背景に挙げるのが、中国人の高い購買力で、「2016年に訪日中国人が日本で消費した金額は1兆4100億円に達し、1人平均28万3800円を消費した。他の訪日外国人に比べると、1人平均の消費額で10万円ほど高い」としている。

こうした経済への貢献を強調することで、日本への入国審査の簡素化が理にかなったものであることを強調しているようにもみえる。

さらに、たとえ不法就労目的の失踪者が相次いだとしても、入国審査が簡素化されるこの制度を改めるべきではない、という論拠にしようとしているようにも読める。

だが、この種の話は、にわかに信用するわけにはいかない。だいたい、算定根拠だって示されていないし、「訪日外国人」と「訪日中国人」という基本的なことすら間違えているくらいだから、信用もへチマもない記事だ。だが、実際、外務副大臣という政府の高官とされる人物が、こういう無責任なことを言っているということを、われわれ日本人は知っておくべきだ。

大型クルーズ船の誘致はトーンダウン

政府は２０１６年３月30日、さきに触れた「明日の日本を支える観光ビジョン」を策定した中で、戦略的なビザの緩和、免税制度の拡充、出入国管理体制の充実、航空ネットワークの拡大など、大胆な改革の断行を宣言した。

安倍政権の３年間の成果として、訪日外国人旅行者数は２０１２年の８３６万人から15年には１９７４万人となり、ほぼ２倍増の約２０００万人となったとし、訪日外国人旅行消費額も同様に、１兆８４６億円から３倍増の約３・５兆円に達したと自賛した。

これを、新たな目標として、訪日外国人旅行者数を２０２０年に４０００万人、30年に６０００万人、訪日外国人旅行消費額を２０２０年に８兆円、30年に15兆円を掲げている。クルーズ船に関しては、２０１３年に17・４万人だったものを、20年に５００万人とする試算をはじいている。

クルーズ船、とりわけ奄美大島などの島嶼部に誘致するクルーズ船の意義と魅力について、国土交通省は、「カリブ海などのクルーズ先進地域では、自然豊かな島嶼部においてクルーズ船会社自らが投資を行い、寄港地開発を進めている。中には、島嶼部の魅力を背景として、多様なアクティビティを提供することでオリジナリティあふれる寄港地観光を形成している」（港湾局）と胸を張る。

具体的には、その魅力について、「美しい自然、豊かな自然、非日常性、地域との触れ合い」と、クルーズ会社の投資による「多様なメニューの展開」として、マリンスポーツ、ビーチライフ、トレッキング・散策、地場産品・伝統工芸品の買い物、郷土料理、地場産焼酎などの飲食、名所旧跡めぐり――などを挙げている。

また、その意義については、住民の視点でいうと、雇用の増加と多様化、地元産品の販売増、所得の増加、居住環境・利便性の向上、国内外の観光客との交流が地域活性化につながる――としている。

一方のクルーズ船会社からみると、新たなクルーズ需要、多様な寄港地観光の開拓、専用的な寄港が可能、リピーターの増加、質の高い寄港地観光の実現――といった可能性が、クルーズ業界全体の発展につながり、訪日クルーズ客500万人の達成に寄与するとしている。

公明党の遠山清彦参院議員
＝2018.7.11、参院議員会館

こうした効果を当て込み、大型クルーズ船の寄港を増やすため入国審査の緩和を法務省入国管理局に働きかけてきた公明党の遠山清彦衆院議員が、2018年7月11日、東京・永田町の議員会館で取材に応じてくれた。

遠山氏は直前の18年6月26日、公明党代表の山口那津男参院議員と連名で、公明党離島振興対策本部長として「公

明党 離島振興ビジョン2018」をまとめている。

奄美群島の振興に関しては、情報インフラの確保や防災対策の強化といった21ある項目の中で、「観光の振興」について、「世界自然遺産登録を見すえ、クルーズ船の誘致が奄美の海外における認知度を高める効果について調査すること」としている。

地元への直接的な経済効果が判然としない中、「奄美の海外における認知度を高める効果について」「調査すること」と、慎重の上にも慎重な書きぶりにとどめている。

中国人が大勢乗った大型クルーズ船の離島への寄港が懸念されるので、産経新聞として、その危険性について単刀直入に聞いてみた。

「そりゃ〜(工作員が)1人も乗っていないとは言えませんよ。でも、私が中国当局の人間だったら、大型クルーズ船を使ってわざわざスパイを送り込むような面倒なことはしませんね」

遠山氏は、大型クルーズ船で日本に入国した中国人客の失踪が増え続けていることへの懸念について、こう語った。

大型クルーズ船の寄港に反対するグループには大きく分けて2つある。1つは自然保護の観点から。これは、豊かな自然を求めて都会を離れて移住してきたIターン組に多い。もう1つは、治安や国防上の観点から反対する地元の人たちだ。

治安や国防上の懸念を理由に反対する人たちの懸念について遠山氏は、「総論賛成、ことは慎重に進めなければいけない」との立場で答える。遠山氏は、安全保障分野に明るい。野党や大手メディアが「反対、反対」の大合唱をしていた安全保障関連法制をめぐり、公明党の見解をまとめた1人でもある。2016年11月に入国審査を緩和した改正入管法が成立し、公布された2年前、奄美大島への大型クルーズ船の寄港問題が浮上したころに比べ、遠山氏の発言は随分とトーンダウンした印象だ。地元住民の反対の声が強まっているのが背景にありそうだ。

公明党・遠山議員に直撃インタビュー：「失踪中国人は国防上の脅威ではない」

では、離島代表として観光客の来日問題に〝活躍〟する遠山氏は、相次ぐ犯罪の実態について、それを取り締まる日本の捜査当局の懸念の声を、どう聞くのだろうか。かつて、中国人が多く乗船するクルーズ船には不法滞在する人間はいないと語り、法務省入管当局に入国審査の緩和を働きかけていたが、今でもその考えに変わりはないのか――。

こうした場合、本人にご登場願うのが、筆者の取材の鉄則だ。ということで、2018年7月11日、都内の議員会館でインタビューに応じていただいた。

やりとりの概略は以下の通りだ。

――遠山議員は入国審査の緩和に積極的だったが、失踪者が出ている現状、ここまで緩める

必要があったのか疑問だ
「入国審査を緩和する前は、クルーズ客は3時間ほどかけて審査し、4～5時間して、またすぐ船に戻らなければならなかった。観光やマリンスポーツなどを、ゆっくり楽しむことはできなかった」
——多くの乗船客にとって便利になったのは事実だろう。しかし、失踪者が工作員やスパイだったらどうするのか。そんな不逞《ふてい》な輩《やから》の人数は少ないから良い、という問題ではない。1人でもいたら大問題だ。何をしでかすか分からないではないか
「武装漁船や武装漁民などの民兵と違って、観光客を装った工作員がいたとしても、国防上の脅威とは言えない。失踪したとしても、（博多のような）都会でもすぐに見つかる。奄美大島のような離島の場合はなおさら、島を容易には出ることができないから、すぐ捕まえることができる。問題はない」
——対岸5キロのところに、陸上自衛隊の虎の子「水陸機動団」が離島奪還訓練を行っている江仁屋離島がある。わざわざ、日本人の目にも入らないような僻地で訓練しているのに、大型クルーズ船が停泊する予定の池堂地区から丸見えだ。乗船客が上陸後にドローンを飛ばすことだって可能だ。「どうぞ、ご覧になってください」と言っているようなものだ。問題ではないのか
「……。それを言ったら、年に224回も寄港する沖縄港にだって、大型クルーズ船を呼ぶことはできなくなる。（沖縄には）米軍基地もあれば、自衛隊基地もある。だから、江仁屋離島

うんぬんというのは関係ない」

《筆者注：国土交通省によると、2017年、クルーズ船の寄港回数上位10位港は以下の通り。1位 博多港326回、2位 長崎港267回、3位 那覇港224回、4位 横浜港178回、5位 石垣港132回、6位 平良港（宮古島）130回、7位 神戸港116回、8位 鹿児島港108回、9位 佐世保港84回、10位 八代港66回。横浜港と神戸港以外はすべて、九州と沖縄の港である》

――沖縄港は人目があるが、池堂地区はほとんど無人に近い。地続きだが、ほとんど陸の孤島というか、島の中の孤島だ。何をされるか分からない

「工作員がそこに拠点をつくるとでも言うのか。あり得ない。池堂地区周辺は（山が海岸までせり出し、猛毒のハブがいるなど）ご覧の通りで、山を越えて移動したり、そこで身を潜めて生き延びることは不可能だ。むしろ危険なのは、有人だった島が無人化した場所だ。水道もある。電気も通る。国防の専門家として言えば、そんな場所だ。そういったところが狙われる」

《筆者注：2018年4月に、愛媛県今治市の松山刑務所を脱走した男が、約3週間にわたって逃亡する事件があった。なかなか捕まらなかったのは、無人化した家屋が多く、そこで息を

潜めていたから。そこでテレビまで見て情報を収集していたというのだから、そこは遠山氏の言う通りである》

――国土交通省の資料によると、日本政府はカリブ海のドミニカ共和国やハイチ共和国を例に挙げて「地元の雇用が約430人（ドミニカ）、現地ツアーや土産物店、民族舞踊ダンサーなど、地元雇用が660人」などとバラ色の皮算用をしている。だが、中国語のできない地元の人が、土産物店などできるのか

「確かに、地元へのメリットは大きいとは言えない」

東シナ海は緊張の海

――カリブ海クルーズと奄美大島が決定的に違うのは、カリブ海はリゾートの海であるのに対し、奄美大島周辺の東シナ海、太平洋は緊張の海だということだ。そんな場所に、日本を仮想敵国とみる中国人が大勢乗った大型クルーズ船を寄港させても良いのか

「防衛上の脅威とビジネスは分けて考えなければならない。そもそも観光客を装った工作員が紛れ込んでいたとしても、国防上の脅威にはならない」

――奄美大島西北の沖合に無人島の横当島《よこあてじま》がある。この島と奄美大島の間は、中国潜水艦の

通り道となっている
「……。それ（中国潜水艦が遊弋していること）は、沖縄周辺海域も同じこと。だいたい、入国審査の緩和というが、奄美大島に入る大型クルーズ船の乗客は、奄美大島よりしっかりした沖縄でＣＩＱ（税関・出入国管理・検疫）を受けるから、問題ない。例えば中国・上海から直接奄美大島に来て、わが国に入国するわけではない」
――繰り返すが、中国の工作員がクルーズ船に紛れ込む心配はないということか
「もちろん、まったく心配ないわけではない。ただ、（領地を奪われるとか、インフラを攻撃されるとか）レベルの高い脅威を形成するのは無理だと言っている。さっきも言ったが、そんな暇なことをするより、すでに日本在住の工作員を使って本国に協力させる方が手っ取り早いし、日本の内情を知るには、通信傍受の方がはるかに効率が良い」
――現に失踪しているし、警戒しても、し過ぎることはない
「中国について油断してはいけない。それはむしろ、私の方から国交省に説明しているほどだ」
――ところで、奄美大島に大型クルーズ船を誘致するという話だが、賛成、反対を問わず地元住民からは「情報が少なすぎる」との不満の声が出ている。実際はどういう計画かを知っているか。瀬戸内町西古見集落の池堂地区への寄港は、ほぼ決まっているのか
「決まっていない。候補地は奄美大島が８カ所、徳之島１カ所の、計９カ所が挙がっている。国土交通省港湾局の説明だ」

――地元では西古見集落の池堂地区という前提で動いている。他の地域は、例えば瀬戸内町瀬戸崎の陸地は、自然公園法で、農林漁業活動について、つとめて調整を図ることが必要な地域と認定する「第2種特別地域」になっている。寄港地としては、およそふさわしいとは思われない、こうした場所が複数候補地になっていること自体、西古見集落に誘致するという「結論ありき」をカムフラージュするためのものではないか

「そんなことはない。あくまで国土交通省が実地で調べた結果だ」

――地元では瀬戸内町議会も町役場も池堂地区への誘致を前提に動いている。筆者も池堂地区を見て回ったが、集落の人口は高齢者ばかり35人。県道も一本道で、ところどころ崖崩れで補修工事が行われているありさまで、乗用車がようやくすれ違うことの出来る状態。とてもではないが、船客を乗せる移動用の大型バスなど、100台単位で輸送できる状態ではない

「22万トンの船が来るとか言われて反対しているが、そんなことはない。せいぜい2000人規模の客船だ。2000人規模といっても、受け入れ能力を考えると、2000人も5000人も一緒だから、大型バスで移動させるなんてことは、かなり難しい」

《筆者注：22万トンというのは、世界最大のクルーズ船「オアシス・オブ・ザ・シーズ」の総トン数である。この船は全長361メートル、乗客定員5400人で、ベッド使用時は最大6360人を収容できる、超巨大クルーズ船だ。一方、2000人クラスというと、日本郵船

の子会社である郵船クルーズが所有、運航している「飛鳥Ⅱ」（定員872人）か、「ダイヤモンド・プリンセス」（定員2706人）あたりになる》

――池堂地区の場合、船を誘致して、乗客にどんなサービスを提供するイメージなのか

「バスも足りなければ運転手もいない。バスによる古仁屋（瀬戸内町中心部）や名瀬（奄美市中心部）への移動は無理だから、対岸の加計呂麻島でのマリンスポーツを楽しんでもらうことになるのではないか。そういえば、産経新聞に、奄美大島に（怪しげな）チャイナタウンが出来る、なんて書いてあったけど、出来るわけがない。儲からないもん」

《筆者注：遠山氏の言う通り、たぶん儲からないだろうが、中国人にとっての中国とは、国内であれ海外であれ、共同体をつくって自分たちが住み着いたところが「中国」なのである。寄港地の一部を隔離すると、結果として、逆に占領される恐れは否定できない。さきの大戦前、日本をはじめ欧米諸国が海外進出の拠点にした「租借地」みたいなイメージだ》

公明党・遠山氏「中国からの働きかけはない」

《筆者注：さきに、公明党と支持母体の創価学会、そして遠山氏自身も、中国首脳と太いパイ

プを持っているということに触れたが、それについてストレートに聞いてみた》

――中国人客を大勢乗せた大型クルーズ船の誘致は、中国側からの働きかけがあったからではないか

「中国要人とは面識もあるし、いろいろな機会を利用して意見交換はしている。しかしクルーズ船に関して、中国側から私への働きかけは、いっさいいない」

――大型クルーズ船誘致の背景として、日本入国を図る中国政府が公明党を利用し、その公明党が菅義偉《すがよしひで》官房長官に働きかけて、実現を目指しているという構図はないのか。程栄華駐日中国大使も創価大学を卒業している。遠山氏の先輩だ。

「……。ご覧の通り（といって議員会館応接室に飾られた中国共産党首脳と一緒に写った記念写真を見ながら）、私も中国首脳とは何度も会っている。」

《筆者注：安倍晋三政権内の実力者、菅官房長官は、泣く子も黙るベテラン議員だ。菅氏の力の源泉は、高級官僚の名前と人柄を知り尽くし、人事権を自在に操る政治家としての資質・能力と、公明党・創価学会との太いパイプにあることは、永田町・霞が関界隈の住人で知らぬ者はいない。1998年、自民党の橋本龍太郎首相が参院選に負け、凡人（小渕恵三氏）・軍人（梶山静六氏）・変人（小泉純一郎氏）による三つ巴《どもえ》の総裁選になった際に、菅氏は小渕氏が会長

を務める平成研究会（竹下登元首相が田中派を割って立ち上げた派閥）を佐藤信二元通産相とともに飛び出し、尊敬する梶山氏を支持した。初当選からわずか2年目のことだから、相当な胆力の持ち主だと驚嘆したものだ。当時、新進党の担当で、党首だった小沢一郎氏の番記者をこなしながら公友会（旧公明党系議員の集団）をカバーしていた筆者も、この総裁選の取材に駆り出され、その裏も表も目の当たりにしていた。孤高の人、梶山氏に付き添う菅氏の姿は、今でも鮮明に目に焼き付いている》

――奄美大島を選挙区にする自民党の金子万寿夫《ますお》衆院議員も、大型クルーズ船誘致の背景に、菅氏の存在を指摘している

「……。さっき、国交相ポストを、うち（公明党）が独占していると（筆者が）言ったけど、いろいろな経緯があってのこと。冬柴鐵三元国交相がなったころは、私はウルトラ・ぺーぺーで下っ端だったから、詳しいことは分からないが、後から聞いたらね、いろんな事情があったんだよ」

《筆者注：遠山氏はこう言って、菅氏と公明党・創価学会の関係には触れずに話題を変える。国交相は運輸・建設といった文字通り国土建設に関する分野のほか、海上保安庁や気象庁、外国人観光客の誘致に旗を振る観光庁も所管している。そんな事情はともかく、さきに触れた通

り、もともと公明党は経済財政諮問会議に常時参加できる大臣ポストである経産相が欲しかったのだが、自民党がどうしても譲ってくれず、しぶしぶ国交相ポストをあてがわれたのである。ただ、ここは利権の巣窟だから、むしろ自民党議員がやると、起きなくてもいい金銭スキャンダルが起きて、政権にダメージを与えかねないから、公明党が大臣をやることで政権の安全弁になっている――と、公明党関係者の間でささやかれている話まで遠山氏は教えてくれた》

インタビューは以上である。

遠山氏は、裏表のないストレートな好青年という印象で、大型クルーズ船の誘致も、国益に反さないことはもちろん、地元経済の活性化という点で「良かれ」と思って慎重に取り組んでいるという姿勢が伝わって来た。ただ、「良かれ」と思ってやったことが、後に後戻りの出来ない事態を招かないとも限らないのである。米国や欧州、あるいは他の民主国家ならともかく、相手は共産党独裁の中国である。慎重には慎重を期すべきであることは、論を俟たない。遠山氏には、そこを踏まえた上で、離島振興に腕を振るってもらいたい。

なぜ観光客誘致に前のめりなのか

ここに、「日本国政府による島嶼（原文ママ）部における大型クルーズ船の寄港地開発に関して」

と題する、奄美大島・瀬戸内町（鹿児島県大島郡）町商工会の内部資料がある。２０１７（平成29）年10月31日付だ。

それによると、最初になぜ国が大型クルーズ船の誘致に乗り出したのかが書いてある。

ただ、慌《あわ》てて資料を作成したのだろうか、誤字脱字が目立つ。表題も島嶼部が「島噴部」になっているし、本文中も、島嶼部が奄美大島名物の「島唄」部になっているのは愛嬌か。

この資料、作成は瀬戸内町企画課となっているが、国土交通省作成資料を孫引きしたものであるのは間違いない。

瀬戸内町は、不安を募らせる町民に対し、「国がどういう計画を持っているのか、詳細は分からない」（町企画課）などと説明しているが、大型クルーズ船の誘致に反対の立場をとる町民らは、町が情報を小出しにしているのではないかと、不信感を募らせている。

資料は「はじめに」で始まる。以下、引用する。

日本国政府は、２０１６（平成28）年3月30日に内閣総理大臣を議長とする「明日の日本を支える観光ビジョン構想会議」にて「明日の日本を支える観光ビジョン」を策定しました。この観光ビジョンにおいては「国を挙げて観光をわが国の基幹産業へと成長させ、『観光先進国』の実現を目指すため、新たな目標として、訪日外国人旅行者数を２０２０年に

4000万人、訪日外国人消費額を8兆円等と定め、さらにクルーズ船の受け入れについても、増大するアジアのクルーズ市場を踏まえ、新たな目標として、「訪日クルーズ客を2020年に500万人とすること」と設定し、「北東アジア海域をカリブ海のような世界的なクルーズ市場に成長させ、クルーズ船の寄港を活かした地域の創生を図る」としております。

《筆者注：役所が作成する文書特有の、句点のない読みづらい文章である。引用を続ける》

今回、国土交通省が「訪日クルーズ500万人」の政府目標を踏まえ、海外でクルーズツアーの人気を集めるドミニカ、ハイチの成功事例に基づいた国内候補地の選定として南西諸島の調査に着手し、2017（平成29）年8月14日に公表しております。

国土交通省港湾局では、島嶼部における大型クルーズ船の寄港地開発に関して、南西諸島のうち奄美大島・徳之島をモデルケースとして調査を行い、候補地の評価等をおこないましたので、結果概要をお知らせします。

クルーズ500万人時代の到来に向けて、わが国の寄港地としての魅力を向上させるためには、多様なクルーズ旅客のニーズに対応するための新たな寄港地の開発が必要となっています。

クルーズ先進地域であるカリブ海では、クルーズ船が島嶼部に寄港し、ビーチなどにおいて1日滞在型の寄港地観光が行われており、新たな雇用創出など地元経済の活性化に貢献しています。

わが国では、南西諸島の島々は、山海の豊かな自然を有するのみならず、東アジアのクルーズ発着の中心である中国本土に近接しているなど大きなポテンシャルを有しており、地域の資源を活用した寄港地観光メニューを備えた寄港地としての開発可能性が極めて高いところです。

このため、国土交通省港湾局では、島嶼部における大型クルーズ船の寄港地開発に関して、南西諸島のうち奄美大島・徳之島をモデルケースとして調査を行い、候補地検討にあたって評価すべき課題等を整理するとともに、候補地の評価と実現可能性等について概略検討しました。(中略)

《筆者注:聞こえは良いが、さきにも述べたように、カリブ海と東シナ海の決定的な違いは、ここが、中国が沖縄県石垣市の尖閣諸島の領有を主張して、たびたび軍の艦船が領海侵犯するなど、挑発行為を繰り返している海域であるという点だ。さらには沖縄についても、中国共産党系機関紙を使って「帰属は未確定」などと日本側を揺さぶるなど、「平和の海」(小泉純一郎首相)とはほど遠い、係争の海なのだ。東シナ海から太平洋に抜ける要衝にある沖縄本島と、奄美群島に連なる広大な南西諸島域は、中国軍の爆撃機や戦闘機、中国潜水艦の航路となっており、ハリケーンだけを心配していれば良いカリブ海などと違って、常に政治の波浪警報が出ている海域であることを忘れてはいけない》

寄港候補地の条件

さて、資料は、寄港候補地の条件として、以下を挙げている。

①係留施設の設置水深が12メートル以上であること
②水深12メートル以上でクルーズ船の回頭域（直径722メートルの円。最大のクルーズ船を想定）を確保できること
③静穏度の良い場所であること
④養殖場がないなど漁業への影響が軽微であること
⑤サンゴ礁がないなど環境への負荷が小さいこと
⑥近くに一定のビーチがあるなど観光資源があること

ここでは、陸地に面した場所に係留桟橋（長さ180メートル）を設置し、陸地から係留桟橋まで連絡橋をかける、長さ360メートルの巨大クルーズ船を想定している。ちなみに、旧

日本帝国海軍が誇った当時世界最大級の戦艦大和の全長が２６３メートルだから、どれだけ巨大なクルーズ船の寄港を想定しているかが分かるだろう。

より詳しく書けば、想定している巨大クルーズ船の規模は、総トン数22万トン、長さ３６１メートル、幅64・９メートルである。

さて、対象となっている瀬戸内町の西古見集落の池堂地区だが、まず、水深と静穏度はクリアしている。また、地域の自然への影響だが、サンゴについては桟橋付近にはなく、養殖場もない。海岸沿いには平地が広がり、森林に覆われた丘陵地がある――としている。

次に、クルーズ客にとっての魅力度としては、「海外沿いに道路はなく、海岸から２００メートルほどで県道６２７号線につながる」「奄美市街地まで車で約2時間、瀬戸内町の中心部である古仁屋市街地まで、車で約1時間10分」「桟橋付け根周辺に約2キロのビーチがある」としている。しかし、これを読んだだけでは、魅力があるのだかないのだか分からない、というのが正直なところではないだろうか。

だが、筆者はこの目で現地を見てきたので、はっきり言おう。主観に過ぎないが、魅力はない。どれだけレジャー施設をつくろうが、交通の便が良いとか悪いのレベルを通り越して、大型バスが通れるような交通の便どころか道路もない。つまり、池堂地区内ですべてを完結させるしかない。

強《し》いて言えば、失踪を狙って背後の丘陵を超えようとすれば、コブラより強い猛毒を持った数え切れないほどのハブが、木の上からお出迎えしてくれるということくらいだ。

さて、筆者の主観はともかく、国土交通省港湾局の説明について、瀬戸内町はどう受け止めているのだろうか。

瀬戸内町で最有力候補地となったのは、西古見集落の池堂地区だが、大島海峡に面した瀬戸内町中心部の古仁屋の南東部、瀬戸崎と、奄美大島と大島海峡に面した加計呂麻島側の薩川湾も、候補地となっていた。

しかし、西古見集落が国立公園指定外なのに対し、瀬戸崎、薩川湾は、いずれも国立公園指定内である。そのため、「徳之島どころか、瀬戸内町の瀬戸崎と薩川湾も最初から対象外で、西古見ありきの目くらましだ。初めから西古見集落への誘致で決まっていた」（地元反対派住民）との見方も根強い。

町側は、寄港地として受け入れるメリットとして、①大きな経済効果、②各種インフラや交流拠点などの整備による地域振興の促進、③瀬戸内町のイメージアップ・ブランド化——の3つを挙げる。

そのうち、①の経済効果については特に、下記のようになっている。

- クルーズ船社による直接投資（桟橋、背後のレストランなど100億円）
- 直接投資による波及効果（地元における建設事業）

・雇用効果（クルーズ旅客の受け入れ、50〜100人を想定）
・クルーズ船客の観光による地元企業の活性化（飲食・地元産物の販売増、マリンスポーツ、水上タクシーなど）
・観光客の増大で奄美西南地域全体の活性化が期待される
・瀬戸内町と宇検村間のアクセス向上が期待される
・地域の医療機関や教育施設（普通高校）の新たな展開
・世界水準の自然体験型海洋リゾートとして、ブランド化が期待される

以上のメニューだけを見ていると、かなり多方面にわたって地元の活性化に期待が持てる内容となっている。

ただ、クルーズ旅客のこうした受け入れは、せいぜい100人くらいの想定だ。それはそうだろう。住民35人の集落には、レストランどころか、お土産店もない。それどころか公衆便所もままならない。5000人〜6000人の大型クルーズ船が来たら、ひとたまりもない。

これに対し、瀬戸内町が作成した「町政懇談会（クルーズ船誘致に関して）」（町企画課・2018年4月25日付）という資料では、将来の構想として、前年資料にあった医療機関の開設と西古見集落を起点とした奄美大島西方地区の周回道路の整備、大学や専門学校との連携に

よる西古見や管鈍《くだどん》、古志《こし》の廃校利用、瀬戸内町中心の古仁屋高校に国際観光学科を新設すること、などがうたわれた。一方、前年資料にはなかったデメリット（問題点）についても、以下のような内容が新たに書き込まれた。

①西古見の後世に残すべき自然や歴史・文化を守った上で計画を進めてほしい
・100年以上も手つかずの自然林に希少動植物が生息
・長時間のアイドリングによる汚染物質の排出
・酸性雨による後背林の荒廃、それに伴うサンゴ礁や稀少動植物への悪影響
・旧日本軍の観測所や兵舎など貴重な戦跡
②西古見の生活環境は守られるのか
・雇用される人（外国人を含む）が住むエリアと住民のエリアができることにより、集落の営みの変化、集落生活環境の悪化
③奄美大島全体の観光に関わる大問題「奄美ブランド」の危機
・週に1万5000人以上来島する外国人観光客の滞在に伴う汚水・糞尿処理
・バスツアーが通過する集落・目的の観光地までの道路環境
・マリンレジャーで訪れる集落の自然・生活環境の保全
④生業に関わる漁場が一つ失われる

⑤治安の悪化が懸念
・実際に誘致している自治体では、密輸、密入国などの問題も起きている
⑥地元企業の経済効果は少ない
・宿泊および食事もすべてがパッケージ化されている
⑦雇用の課題
・外国人観光客がメーンのため言語の問題をクリアして、地元の人間を雇用できるのか
⑧単一の国に依存した事業のため、社会情勢の変化による破綻の可能性が高いのでは

地元の反対派ならずとも、筆者が懸念するのは、自衛隊の基地に近く、軍事的な要衝に中国人を大勢乗せた大型クルーズ船を誘致することで起こりうる、⑤の治安の悪化、工作員の浸透など国防上のマイナス、そして、⑧の「単一の国に依存した事業」という、チャイナマネーへの行き過ぎた期待感である。

実際、みながみな善良な旅客ではないという事実は、この資料が指摘している通りであり、不法就労目的で失踪し逮捕された中国人の例は枚挙にいとまがない。そして、不法就労目的ならまだマシな方で、有事のときの破壊工作を指揮したり実行する中国人民解放軍の工作員だったらどうするのか、というのは、さきに述べた通りである。

瀬戸内町は今後について、「県を通じて国に、国が示しているメリットの精査と懸念される

内容（デメリット）についての対策を確認していく考え」としている。だが、国が音頭をとっている以上、どこまで自分たちの意思を通すことができるのか、実に心もとないというのが、現場取材を通じた上での、筆者の実感だ。

二転三転する誘致計画

もともと大型クルーズ船の寄港は、3年ほど前に瀬戸内町・古仁屋地区で持ち上がったのを、蒲田愛人《かまだなるひと》町長が発した「こんな小さな町で無理だろう」とのひと言で頓挫し、奄美大島北部の龍郷町に候補地が移ったという経緯がある。この、龍郷町での計画については後述するとして、瀬戸内町から龍郷町、そしてまた、地元への十分な説明もないまま候補地が二転三転し、またぞろ瀬戸内町に戻ってきた、こうした経緯が不透明だとして、地元住民は不信感を強めているのである。

瀬戸内町でお茶の販売業を営んでいる藤井愛一郎氏（50）は、「クルーズ船の寄港すべてに反対しているわけではなく、小規模のクルーズ船が寄港する分には構わない。30～40人の集落に何千人と来るのは、いかがなものかと言っている」と疑問を呈す。

同時に、「瀬戸内町の説明が十分とは言いがたく、大型クルーズ船を誘致してこの島をどうしようとしているのか、島の活性化というが、具体的にどういうメリットがあるのか、きちんと説明できていない。それなのに納得できるわけがない」と語る。

この藤井氏こそ、筆者の取材に実名で応じてくれたが、この問題に関しては、実名どころか、匿名でも嫌がる人が少なくない。「島は狭いから利害関係が絡み合い、賛成、反対に関係なく、親戚があちこちにいて面倒くさい」（地元関係者）という事情があるからだ。例えば、さんざん話を聞かせてくれたのに、インタビューの最後の最後になって、「今の話はすべてなかったことにしてください。『地元関係者』と匿名で話の内容を書かれても困ります」（地元関係者）というような案配だ。

本土から島に来たばかりの、どんな人間かも分からない相手に、ついうっかり本音を語ってしまったが、数日したら島を離れるインタビュアーと違って、自分らには持続的な生活がある。危なっかしくて、こんな部外者に関わってなどいられない――というのが正直なところだろう。

さきの藤井氏はまた、「町側は『詳しい計画は国がやっていることだからよく分からない』と言いながら、大型クルーズ船の誘致によるメリットばかりを口にする。本当に雇用は生まれるのか。環境の保全も危ういし、むしろ住民は減っていくのではないかと思う」と言う。

確かに町は、国交省の情報に基づく資料を持っているのだから、藤井氏が指摘する通り、「よく分からない」こともなかろう。少なくとも住民よりは、よく分かっているはずだ。

ただ、藤井氏が言う通り、住民は本当に減っていくのだろうか。

藤井氏は、「生まれ育った村や町の自然がそのまま残り、変わらぬ景色があるからこそ、若者もUターンしてくる。町の景観がガラリと変わるようだと、誰も戻って就職しようなどとは考えないのではないか」と言う。

奄美大島出身で、2017年に実家の都合で首都圏からUターンして島に定住しているという「奄美の自然を守る会」代表の田原敏也氏（63）は、こう語ってくれた。

「大型クルーズ船の誘致ですか？　およそ、身の丈《たけ》にあった計画とはいえないですよ。だって、35人の西古見集落に6000人が上陸して、何をするというんですか」

奄美大島では現在、陸上自衛隊が2018年度末までの配備を目指し、2つの地区で新たな基地を建設中だが、田原氏はこうした国の動きにも、自然保護の観点から反対だという。そして、西古見集落に大型クルーズ船を誘致する計画は江仁屋離島での陸自水陸機動団の着上陸訓練上でも問題があるとする、筆者の見解にも否定的だ。

田原氏は「国防上の理由で反対しているのではない。それを言うならむしろ、基地があるから紛争に巻き込まれるのではないかと不安で仕方ない。自衛隊の基地にも、（中国人を大勢乗せた）大型クルーズ船の誘致にも、反対だ」と語る。

陸自の新基地建設と同時期に誘致話が浮上

田原氏が心配する陸上自衛隊の基地建設だが、これは、年々活発化する中国軍の動きに対応するためとみられる。

防衛省などによると、陸自が新しい基地を建設中なのは、奄美大島中心部の奄美市名瀬の東側、つまり、東シナ海に面した大熊地区と、現在大型クルーズ船の誘致問題で揺れる瀬戸内町の東側、すなわち、太平洋側に面した山間部の節子《せっこ》だ。

同省は2018年度に、両地区の施設建設費などとして約156億円を計上した。庁舎や車両の整備工場、弾薬貯蔵庫などを整備する予定だ。計画によると、名瀬大熊の「奄美駐屯地」（仮称）には約350人、節子の「瀬戸内分屯地」（同）には約210人の人員を配置する予定だ。いずれも、広域監視や武装ゲリラ侵攻への初動対処、災害派遣などを担う警備部隊を配備し、大熊には中距離地対空ミサイル（中SAM）部隊、節子には地対艦ミサイル（SSM）部隊を併設する。

そして、場外離着陸場や射撃場、燃料施設、弾薬庫などを整備する計画だ。防衛省は17年度末までに、両地区で敷地の造成工事や隊庁舎などの施設整備を実施しており、18年度末までの部隊配備を予定している。

これに伴い、奄美市名瀬と瀬戸内町に、隊員と家族用の住宅も設ける予定だ。

一方、基地反対派の住民が、地元への説明不足などとして、ドローンを飛ばして基地建設の模様を探っているとの情報もあり、機密の保持に懸念が持たれている。

こうしたグループは、駐屯地など関連施設整備の工事差し止めを求める仮処分を、鹿児島地裁名瀬支部に申請している。地元の南海日日新聞によると、申し立てを行った「奄美・自衛隊ミサイル基地反対債権者の会」の城村典文共同代表は、「部隊配備によって、アマミノクロウサギなどが生息する貴重な自然環境が破壊され、憲法が定める平和的生存権や人格権も侵害される。行政当局による市民への説明不足も、大きな問題だ」と批判している。

こうした住民の大半は、大型クルーズ船の寄港にも、自然保護の観点から反対だ。関東地方から加計呂麻島に移住したIターン組の1人は、購入した一軒家の庭先の景観が変わることへの懸念を口にした。ただ、これに対しては、生まれも育ちも奄美大島だという自営業の男性は、「庭先からの景観? 見えてる景色は、あんたらだけのものじゃないよと言いたいね」と吐き捨てるように語った。

一方の基地賛成派は、自衛隊基地の周辺に中国人が大挙して押しかけることへの不安という、国防上の観点から、大型クルーズ船に反対している。理由は正反対だが、自衛隊基地賛成派と、自然保護団体が、共に大型クルーズ船の誘致に反対し、軌《き》を一《いつ》にするという、皮肉な現象が起きているのである。

「関心がない」と関心を示す地元代議士

こうした動きを、地元の業者はどうみているのだろうか。

瀬戸内町で観光関連の会社に携わる40代の地元関係者は、「私は中立」としながらも、「西古見のような少ない集落のところに大型クルーズ船を誘致するのはどうかと思う。加計呂麻島の南側だったら、集落もなく、問題はないはずだ。密入国を謀《はか》っても、山間部のハブがそれを阻止してくれるからね」と笑う。

では、行政を預かる瀬戸内町は、どう考えているのだろうか。

大型クルーズ船の係留地である西古見や、地対艦ミサイル基地のある節子を抱える瀬戸内町の眞地《まち》浩明企画課長（54）は、国が主導して計画していることを強調した上で、「国の考えていることが果たして町にとって良いことなのか、われわれも吟味しているところだ」と語った。

奄美大島・瀬戸内町の眞地浩明企画課長＝ 2018.7.21、瀬戸内町役場

瀬戸内町によると、この大型クルーズ船誘致の話が町に持ちかけられたのは２０１７年１月のことで、この年の8月14日、国交省港湾局が徳之島と奄美大島最北端の笠利地区にある奄美市北大島、そして瀬戸内町を大型クルーズ船係留地の候補として調査を進めていることを説明してきた、という。

さらに、２０１８年４月16日から5月30日にかけて計24回、この3地区で説明会を実施してきたが、「正直、国の計画の詳細を知らされていないから、地元住民に説明しようがない」（眞地課長）とこぼす。ただ眞地氏は、中国人による水資源など北海道で土地の爆買いが起きていることを念頭に、「土地は絶対渡しませんよ。売りません。そんな話もまったく聞いてないし、あり得ないこと」と語気を強めて語った。

瀬戸内町議会議員は10人いるが、賛成3人、反対3人、不明1人となっている。筆者が取材後の6月22日夜、瀬戸内町古仁屋の飲食点で取材協力者と黒糖焼酎を傾けていると、賛成派の議員とその関係者数人が、隣りの席にやってきた。

その内の1人、加計呂麻島選出のI議員が、筆者を見つけると、トロンとした目で絡んできて、「よそモンは出て行け。よそモンが島に来て、何をひっかき回すのだ。ウソばっかり書きよって！」と、まくし立てた。

おそらく、別の記者の別の記事のことを言っているのだろうが、なにしろ酒の席だ。持っているのに名刺も渡してくれず、感情むき出しで聞く耳もなさそう。こちらも疲れて眠かったので、適当にうなづいて席を立った。

こういう町議はともかく、ここは、国と地元のパイプ役となっている、大元締めの地元選出の代議士に聞くしかない。

中国人ら外国人が土地売買に手を染めないまでも、大型クルーズ船が来たら、乗客の大半を占める中国人が大挙して上陸する。上陸させていったい、彼らに何をさせるのか。

西古見を地元とする、さきにも少し触れた衆院議員の金子万寿夫氏（鹿児島2区＝鹿児島市の一部、指宿市、奄美市、南九州市の一部、大島郡）は、大型クルーズ船の寄港問題をどうみているのか。東京・永田町の衆院議員会館にＦＡＸで質問状を送ってから、しばらくたった7月6日、福岡市にいる筆者の携帯電話に電話をくれた。

金子氏はかつて、筆者が自民党担当時代にカバーしていた派閥に所属していた、保岡興治氏の公設秘書をしていた。だが、面識はない。

金子氏は、大量の中国人を乗せた大型クルーズ船の寄港について、「40人弱の小さな西古見集落に数千人もの観光客を乗せた船がやってくるというのは、基本的に見合うのかな——という疑問は確かにある。しかし、離島振興の観点から考えると、アタマから反対というわけにはいかない。関心はないのだが、大型クルーズ船誘致事業の中身次第で、賛否を考えていくということだ」と話す。

ことは、集落に金が落ちるかどうか、地元活性化につながるのか、自然を荒らされるだけで終わるのか、という、大変に大きな問題である。関心がなかろうはずがない。この、西古見を地元とする代議士の「関心がない」という言葉を、額面通りに受け止めるわけにはいかない。忙しい中を取材に応じてくれた金子議員には申し訳ないが、筆者は話半分で聞いていた。

西古見集落の池堂地区が最有力候補に上がっていることについては、「国が南西諸島における港の利便性を調べていた。奄美大島はいくつか候補地があったが、そのうちの1つが西古見だ。（隣の湾には近畿大学の）マグロ養殖場があるが、池堂地区にはない。保護すべきサンゴ礁もない。

だから最有力候補地になったのではないか」と語る。さらに、「どこのクルーズ会社が来るのか知らんけど、地元が（大型クルーズ船の寄港はおいしいって）乗っちゃったんだよね、この話に。それで、２０１７年の参院選の前だったかな？　鹿児島県知事のところにＯＫの返事を持っていったら、反対の声が上がってきた——という流れだよ」と話す。

あらためて賛否について聞くと、こう繰り返した。

「どんな計画なのかも、どんなクルーズ会社が来るのかも分からないから、この話は、ほったらかしにしているんだよ。自然の保護も大事だし、地域の保全も生活体系の維持も大切だからね。龍郷のときは、米ロイヤル・カリビアン・インターナショナル社から接触もあったけど、西古見にどのクルーズ会社が来るか、本当に分からないから、動きようがない」

繰り返すように、大型クルーズ船の係留地となる西古見の海岸から沖合５キロに浮かぶ江仁屋離島では、陸上自衛隊の虎の子、新設の水陸機動団が着上陸訓練をやっている。

この原稿を書いている２０１８年７月６日にも、中国公船による領海侵犯を念頭に、自衛隊、海上保安庁、警察が合同で、武器を持った漁民（民兵）が日本の離島に不法上陸することを想定した訓練を、江仁屋離島周辺で行った。

さらに、節子地区には地対艦ミサイル基地、北部奄美市の大熊地区では地対空ミサイル基地が、それぞれ建設中だというのに、国防上、機密と安全は確保できるのだろうか。

金子氏はこの点について、「中国人が何か変なことでもするというなら、大型クルーズ船の寄港には反対だよ」と言う。奄美大島から北西に約60キロ離れた東シナ海上には無人島の横当島があるが、さきにも述べたように、この島と奄美大島を隔てる海域を「中国潜水艦が太平洋の出入りに使っている」（海上自衛隊関係者）という事実もある。

こうした事実を伝えつつ、奄美大島が危機感を持って自衛隊基地を招致し、歓迎している一方で、中国の工作員が乗っているかもしれない大型クルーズ船を誘致するとは、やっていることが、あまりにチグハグではないか、と質した。

すると、金子氏はしばらく押し黙った後、「国が観光立国を目指してやっているからねぇ。でも、長崎・佐世保港や福岡・博多港とは、違うんじゃないか」と言った。どう違うかを聞くと、「佐世保や博多の場合は、ショッピングや観光などができるが、西古見の場合は停泊時間6時間。（大島海峡を挟んで対岸の砂浜がある）加計呂麻島までボートで往復したり、マリンスポーツを楽しんでもらうだけではないか」と語った。

官房長官と公明党

外国人観光客の誘致による経済活性化という日本政府の大きな方針は、少子高齢化、とりわけ就労人口（15歳〜64歳）が急速に減っていく中、必ずしも間違った施策とはいえない。否、やり方次第では、もっともっと国が率先して進めるべき方策である。

1965年に全日本人の68％もいた就労人口は、2050年には51％に減り、65歳以上の高齢者1人を2・2人で担う惨状で、医療・介護の社会保障制度の持続が困難になることが、火を見るより明らかだからだ。1965年当時、65歳以上の高齢者1人を9・1人で担っていたことと比べれば、それがいかに深刻な問題であるかが分かる。

ただ、少子高齢化に伴う就労人口の激減という事情があるにせよ、離島や過疎の地域に特定の国、しかも日本を仮想敵国扱いしてそれを隠そうとしない中国を相手に、手放しでこうした施策を進めて良いわけがない。

こうした中国人客を歓迎するのは、日中間で政界と民間の両方に太いパイプを持ち、歴代国土交通相を輩出している公明党の存在が大きいのではないかと指摘すると、さきの金子氏周辺は、首相官邸の主導、とりわけ、菅義偉官房長官の影響力を示唆してくれた。

自民党内で自らの派閥を持たず、確固たる地盤を持たない菅氏にとって、求心力の源の1つが、公明党との強い絆であることは先述した。

こうしてみると、大型クルーズ船の誘致問題は、外国人観光客の誘致→中国人観光客の誘致→日中に太いパイプを持つ公明党の働きかけ→首相官邸（官房長官）の働きかけ→地元自民党議員の働きかけ→町が一体となった働きかけ——という構図が見えてくる。

メリット、デメリット、いろいろな側面がある中で、奄美大島がいかなる選択をするのか。今後とも目が離せない。

占領の危機を脱した、西郷どんが愛した町

ではここで、奄美大島を地盤とする衆院議員の金子万寿夫氏（鹿児島2区選出）が、「あんなやり方ではダメだよ」とつぶやいた、龍郷町での大型クルーズ船誘致計画をみてみよう。

現在は、奄美大島の瀬戸内町（鹿児島県大島郡）への誘致計画が浮上して賛否が渦巻いているが、この龍郷町も、２０１６年に候補地に挙げられた過去がある。

時系列をたどり、おさらいすると、最初に国土交通省から瀬戸内町に大型クルーズ船の誘致話が持ちかけられたのが、今から3年ほど前。先述の通り、蒲田町長のダメ出しで、代替候補地として龍郷町が浮上したが、ここでも地元住民の反対にあい、瀬戸内町に戻ってきた。

このとき、龍郷町の徳田康光町長（当時）は、ロイヤル社（後述）の代理人を通じて、事前に計画を伝えられていた。そして、島の振興や経済効果を期待し、計画推進に傾いた。

龍郷町は、奄美大島北東部にある奄美空港から車で30分ほど南西にある。東側の海岸には美しいサンゴ礁が広がり、この海や笠利湾ではマリンスポーツが盛んだ。龍郷町の北部と南部を結ぶ細長い土地の上空をパラグライダーで飛んだことのある自営業の濱田玄龍氏は、「東に太平洋、西に東シナ海が見渡せる絶景を拝むことが出来る」と、レジャー面での満足度に太鼓判を押す。

クルーズ旅行の本場として知られるカリブ海には、こうしたクルーズ客のみが使うプライベート・リゾートパークが多数ある。

計画は、この近くにある芦徳《あしとく》地区という、笠利湾に突き出た半島のような場所に桟橋をつくり、大型クルーズ船を誘致しようというものだった。

西側の湾を隔てた沿岸には、寺田屋事件後に薩摩藩から謫居を命じられた西郷隆盛が安政6年（1859年）1月4日に上陸した、西郷松がある。

筆者が独自ルートで入手した「龍郷町芦徳集落活性化委員会」作成の資料（2016年6月17日付）によると、この大型クルーズ船の寄港を持ちかけてきたのは、米国に本社を持つロイヤル・カリビアン・インターナショナル社（以下、ロイヤル社）だ。

そこには、度肝《どぎも》を抜くレジャー施設の建設計画が作図されていた。開発面積52万平方キロ。東京ディズニーランドより、やや大きいという広さだ。芦徳地区の3分の2に当たるエリアをロイヤル社が買い取り、そこをすべてレジャー施設とする案だ。

まず目を引くのが、芦徳地区北端のコウトリ岬から東海岸沿いに南に走る、3キロ弱のリゾート電車「アイランド・エクスプレス」の単線だ。この線路に沿って、ボードウォークと呼ばれる木の板を敷いた歩道を整備する。半島中央の山間部には、約2キロにわたって、スキー場で使うチェアリフトやゴンドラを採用し、景観を楽しめるようになっている。

「22万トン、6千人」の巨大クルーズ船がやって来る

だが、最も重要なのは、どんな船が寄港するのかという点だ。

目玉は、ロイヤル社が保有する世界最大級の客船「ハーモニー・オブ・ザ・シーズ」だ。クルーズ船業界に詳しい関係者でも腰を抜かすほどの大きさだ。なにしろ、総トン数22万6千トン、全長361メートル、高さ70メートル、5400人乗りだ。あの戦艦大和が総トン数6万4千トン、全長263メートルだから、どれほどの〝化け物〟かが分かろうというものだ。ちなみに、わが国最大の客船「飛鳥Ⅱ」は、戦艦大和よりひと回り小さいが、それでも総トン数5万トン、全長241メートル、乗客数872人だ。

この、客船「ハーモニー・オブ・ザ・シーズ」用の桟橋は、全長よりも、やや短くて350メートル。奄美大島名物、モズクの養殖場付近に、杭打ち方式で建設予定だった。

もちろん、このハーモニー・オブ・ザ・シーズだけではなく、中国人の富裕層を対象にした15~20万トン級の大型クルーズ船（乗客3000~5000人）を、中国・上海~奄美（芦徳）~九州間で就航させる計画もあった。頻度としては3月~11月に週2回以上寄港させ、年間30万人以上の乗船（来島）を予定し、2019年の開業を目指していた。

「芦徳集落活性化委員会」が情報を分析してまとめたさきほどの資料によると、経済的・観光面でのメリットとして、以下が挙げられている。

①200人程度の雇用創出（施設の管理・整備、清掃、調理、外国語での案内など）。ただ、主に非正規で、島内を優先するが、島外からも雇用する
②税収の増加
③寄港時以外は、島内外の日本人観光客も利用可能
④島の食材提供による生産業、飲食業の収益増
⑤物産の販売による収益増
⑥マリンレジャー関連の利用者増
⑦島内の観光施設の利用者増
⑧島内観光の活性化

また、生活面でのメリットとしては、芦徳集落内の道路の拡幅の可能性――を挙げた。

つきまとう中国人のダーティ・イメージ

これに対し、環境面でのデメリットとして、以下を挙げた。

①現在の自然、生態系のバランスが破壊される
②国定公園の拡張や世界自然遺産登録の障害となる懸念
③座礁事故などを起こした際、取り返しのつかない重大な環境汚染の可能性
④開発による赤土の流出
⑤40年後の環境汚染（環境への負荷の蓄積）は未知数

一方、景観面でのデメリットとしては、長雲《ながくも》から見た奄美十景の景観が大きく変わる可能性や、笠利方面から見た景観の変化を指摘していた。

生活面では、リゾート化に伴う住民の生活環境の変化のほか、中国人観光客のマナーなど、習慣の違いによるトラブルの懸念、芦徳集落内の交通量の増加への懸念が出ていた。

その結果、デメリットの部分で懸念が示された通り、地元住民らは反発した。小さな町が中国人に〝飲み込まれる〟という不安が、その理由だった。

龍郷町の人口は６０２８人（２０１６年6月末時点）に過ぎないが、１回の寄港で島に来る中国人客は、3千～5千人にも達する。

反対派住民が組織した「龍郷湾を守る会」の西元則吉会長は、「何千人も中国人が押しかけると、のんびりとした奄美の雰囲気が一変してしまう。中国人向けの店が増え、近い将来、中国の街になるのは、火を見るより明らかだ」と語った。

町議の田畑浩氏も「計画を聞いてチャイナタウン化が思い浮かんだ。地元の雇用につながるというが、町民のほとんどは中国語を話せないので、結局、パーク内では中国人の雇用が増えるだけだろう。自然が壊れ、景観も変わってしまう」と述べた。

地元関係者の1人は、「中国人の観光地というイメージが植えつけられると、日本の移住者や旅行者は訪れなくなる」と訴えていた。

また、地元の漁業者は、建設工事に伴う土砂流出で、漁業被害が起こることを危惧した。

こうして、想定以上に多くの反対の声が上がったことで、町長の徳田氏も推進を断念した。

「住民や漁協の意見を聞く中で、地元合意の形成は無理だと判断した」というのが、断念した理由だ。さきのロイヤル社は、開発の条件に地元住民の賛成を挙げており、計画は白紙になった。

第四章　日本近海を暴れ回る北朝鮮と中国

何かが変だ：相次ぐ北漁船の難破

２０１７年11月以降、北朝鮮漁船が連日のように漂着し、わが国の沿岸警備の難しさを浮き彫りにした。この事実と、本書が取り上げる「静かなる日本侵略」にどういう関係があるのか、読者の中には疑問に思われる向きもあるかもしれない。

本書が取り上げる奄美大島や小笠原諸島、五島列島、対馬の問題はいずれも、中国をはじめとする外国資本や外国人の密入国、不法滞在、不動産の取得などの問題である。それに比べ、北朝鮮の漁船問題は、単なる違法操業とその結果としての漂流、漂着に過ぎないとみられても不思議ではないからだ。

しかし、これら北朝鮮漁船の乗組員の中に工作員が、偽装した武装漁民として紛れ込んでいたとしたら、事態は様相をまったく異なるものに変えてしまう。その事態が今、日本海沿岸で起きているのである。だから、この項では一見、事の性格が違うように見えながら、わが国の安全保障上、同じような危険をはらんでいる北朝鮮漁船の問題を取り上げる。

2017年11月29日、第一管区海上保安本部（小樽）が北海道松前町の無人島、松前小島周辺の海域で漂っていた木造船を発見した。乗組員は荒天のため一時避難した島に上陸し、漁業者が避難用で使う、施錠されていた小屋をこじあけ、発電機や冷蔵庫、炊飯器、バイクやテレビなどの備品を盗み、その一部を証拠隠滅のため海に投棄した。船には北朝鮮人の男性10人が乗っていた。まさに無人島の管理体制の脆弱性《ぜいじゃく》を露呈してしまった格好だ。

道警によると、木造船には「朝鮮人民軍 第854軍部隊」のプレートが掲げられていたため、軍傘下の漁船とみられる。乗員10人の一部は、氏名や生年月日などが書かれた船員手帳のようなものを所持していた。

2週間前の15日には、秋田県の男鹿《おが》半島から西に約400キロの好漁場、大和堆《やまとたい》のEEZ外側で転覆した木造船が見つかり、海上保安庁の巡視船が船底上にいた北朝鮮人3人を救助、海上で他の北朝鮮漁船に引き渡した。周辺海域ではその後、この船を含む木造船2隻の船内で、北朝鮮人とみられる計7人の遺体が見つかっている。また、同じ月の23日午後11時半ごろ、同県南西部、由利本荘の海岸に北朝鮮の漁船が漂着し、8人が保護された。漁船は全長約20メートルの木造イカ釣り漁船で、周辺住民の通報によって発見された。船員は、エンジンが故障し、後部が損傷していると話した。北朝鮮からの漂着船に生存者が確認されたのは、15年1月以来だった。

このエリアには筆者の親類が多く住むが、彼らの話だと、保護したのは8人だが、実は10人が上陸していたのを、複数の地元住民が目撃している。これが事実であれば、残り2人は失踪した工作員だった可能性があり、人目につかない山村か都会のどこかで手引きした仲間と落ち合うなどして、息を潜めている可能性がある。

また15年1月には、石川県志賀町の海岸に漂着した小型の木造漁船の乗員とみられる男性を県警が保護した。男性は北朝鮮からの遭難者と断定され、人道的見地から、中国・大連で北朝鮮側に引き渡された。

海上保安庁によると、こうした北朝鮮籍とみられる船の漂流・漂着は2017年に入り、同年11月22日現在で43件。16年は66件、15年は45件、14年は65件、13年は80件である。船体が破損し、乗組員がいない場合も多い。このうち、船内から遺体が発見されたのは、17年（11月22日現在）で3件9人、16年2件11人、15年8件27人、14年0件、13年2件4人だった。

生存者は、17年（同）、15年、14年に1件ずつで、それぞれ3人、1人、4人が確認されている。16年は漂着した漁船に生存者はいなかったが、17年では40人以上の生存者がいる。この中には破損が少ない船もあるため、工作活動や覚醒剤の密輸など、特定の意図を持っていた可能性も否定できない。

17年は11月に入り、新潟県佐渡市や山形県鶴岡市、青森県深浦町などで、船体にハングル表記がある無人の木造船が打ち上げられているのが見つかった。日本のＥＥＺにある日本海の大和堆周辺では、北朝鮮漁船によるスルメイカの違法操業が続いており、海が荒れる今後、漂着が増加する恐れがあるとして、関係者は警戒を強めていた。

その中でも、同年11月に青森県佐井村に漂着した北朝鮮の船内からは、普段は漁民が使わないような、底がつるつるした革靴と、英語が書かれたジャケットが見つかった。工作員が変装し、上陸するための道具だとみられている。

漁民か、工作員か

以上、ざっと挙げただけでも、これだけの漂着事案が発生しているのである。食糧難から、小型船にもかかわらず、冬の荒れた海で無謀な操業を行った結果、流されてきたとみられる。北朝鮮は、国内の食糧難を打開するために「冬季漁獲戦闘」と銘打ち、荒天下の海への出漁を命じているということが背景にある。

日本海の好漁場である大和堆は日本のＥＥＺ内にあり、北朝鮮船の漁は禁止されている。だが、２０１４年頃から違法操業が急増し、今ではそれらが漁場を占領して、日本漁船の入る隙間もないほどだ。

日本政府は、中国を経由して北朝鮮に対応を求めている。水産庁は、大和堆に漁業取締船を派遣して、6月に延べ約900隻、7月に同約600隻の漁船に警告を発し、EEZから排除した。しかし、実力行使を伴わない水産庁の警告になれた北朝鮮漁船は、取締船が近づいても居座り続けるばかりか、船上から銃口を向ける事件も起きたほどだ。

こうした水産庁の取締船だけでは手に負えず、海保の巡視船が出動し、7～8月にかけて、放水銃などで約820隻の漁船を排除した。しかし、10月初旬には再び100隻を超える北朝鮮漁船が出現。11月に入ると北西風が吹いて海が荒れ、数十隻が日本沿岸に漂着するようになった。その数は、およそ80隻にのぼる。

だが、これを単なる外国漁船の漂着と片づけるだけではすまないのは、冒頭で触れた通りだ。日本の海岸線は極めて長く、監視の目は十分に行き届かない。中には、単なる漁船とは思われない不自然な形態をした漁船もあり、北の工作員や難民が乗った船がやってくる事態を想定しなければならない段階に来ている。

海洋警備の第一歩は、隣国の軍事力、海上警備力、海運、漁業などの実態を分析することにある。その上で、わが国に及ぶ影響を考慮し、対策を講じる必要がある。しかし、残念ながら、これに対する日本の海洋安全保障能力は、いまだ十分であるとはいえない。

石井啓一国土交通相は、一連の漂着事案を受けて開かれた記者会見で、海上保安庁の航空機によって日本海沿岸部の警戒態勢を強めたことを表明した。

坂口正芳警察庁長官は、11月下旬の全国警察本部長会議で、北朝鮮をめぐる緊急事態に備えるよう指示した。

全国の警察や海保、自治体の関係者が、日本の守りの最前線にいるという自覚をしっかりと持ち、対応に当たらなければならないのは言うまでもない。

もし一連の漂着が、故意でない遭難なら、人道上、保護するのは当たり前だ。しかし、日本人を拉致し、核開発にいそしみ、弾道ミサイルを日本海に数え切れないほど落としてきた北朝鮮が相手だ。松前小島に漂着した船員らは小屋に侵入し、家電品などを窃盗した。それだけではなく、漁船の船体からは軍籍を表す「朝鮮人民軍 第854軍部隊」のプレートも見つかった。これらを単なる漁船とみなすわけにはいかない。日ごろから、こうした武装した工作員や難民にどのように対処すべきか、訓練が欠かせない。

また、防疫態勢も重要だ。船員が悪性の鳥インフルエンザに感染していたらどうするか。あるいは、遭難とみせかけて、船や船員に天然痘などの生物兵器を仕込んでくる恐れもある。

さらに、警戒監視の対象は、日本海側に限ってはならない。北朝鮮工作員は、宮崎県の海岸で日本人を拉致したこともあるのである。

一方で、漂着した北朝鮮漁船の中に、工作員を乗せた工作船が紛れ込んでいる可能性について「あり得ない」という立場をとるのが、軍事ジャーナリストの惠谷《えや》治《おさむ》氏だ。月刊正論の2018年4月号で惠谷氏は、その理由として、漁船の性能を挙げる。北朝鮮の木造漁船は底が平らな平底船で、3メートルほどの波で簡単に転覆するような川船であり、外洋に出るのは、そもそも危険であり得ないことなのだという。一方で、船体がV字型の複雑な木造船をつくる技術も余裕も北朝鮮にはなく、30馬力ほどのエンジンは積んでいるが、通信機器は積んでいないという。

さらに、燃料の予備タンクがなければ、航続距離は50キロ〜100キロでしかなく、500キロある日本海中央部まで単独で航行することは不可能なのだという。

ちなみに、本格的な対日浸透作戦を行うのであれば、海保の銃撃を受けて自沈した工作船のように、船体後部が観音開きになる母船が日本の領海付近まで接近し、そこから組み立て式の子船が進水し、工作員を日本沿岸に送り込むのだそうだ。

実際このようにして、横田めぐみさんら日本人は、工作母船に乗り、子船を使って不法上陸した工作員に拉致されたのである。

筆者も、東京湾や横浜港の海保に展示されている、引き揚げられた工作船を何度も見学しているので、こうした説にも実感が湧く。

ただ、船の形状が何であれ、日本の沿岸に漂着しているという事実は歴然とある。これが物語るのは、惠谷氏自身が「100%ないとは言えない」という通り、燃料不足、技術不足、モノ不足から、苦肉の策として、海流に身を任せて漂着を狙う原始的な侵入工作を考えていないとも限らないということである。だとすれば、これはこれで許しがたい。

北朝鮮の背後に中国の影

北京や平壌《ピョンヤン》の命令一つで漁民が海上民兵に化ける中国や北朝鮮配下の漁船の場合、わが国の水域で違法操業すること自体、明白な侵略である。その身なりや船具などをみて、人道的な保護うんぬんなどと、きれいごとを言っている場合ではないのである。徹底的な身体検査、身体の洗浄、厳しい事情聴取などが求められる。

ロイター通信によると、北朝鮮漁船の漂着が目立ち始めたのとちょうど同じ時期の2017年11月、南北境界線の38度線を突破して脱北した際に銃撃され、重傷を負った脱北兵士の手術を行った韓国の医師は、兵士の命を救うために行われた一連の手術で、彼の消化器官から摘出された、寄生虫数十匹の写真を会見で公開した。

寄生虫は消化器と同じような色をしていて、最長27センチのものもあり、さきの医師によれば、「外科医として20年以上の経験があるが、こんなものは教科書でしか見たことがない」という。寄生虫や感染症は恐い。それだけでバイオ兵器だ。

そもそも北朝鮮漁船は、当局や軍の指示・許可なしに、脱北される恐れがある日本列島に接近できるはずがない。

だから、同じように中国当局が、わが国の小笠原諸島や五島列島、尖閣諸島に漁船を大挙して向かわせることそれ自体が、政治的な圧力になり、軍事的な効果を挙げることを狙ったものとみて、警戒しなければならないのだ。

一方、わが国は、国会で「森友」だの「加計《かけ》」だのと時間と金を浪費してきたが、こうした事態を受け、さすがに地元議員たちも動き出した。

北海道の函館市などを地盤とする立憲民主党の逢坂《おおさか》誠二衆院議員（北海道8区）は2017年12月5日、これらの問題に関する質問主意書を提出した。

この質問主意書で逢坂氏は、韓国国家情報院の分析として、北朝鮮漁船が大和堆に集結し始めた原因として、北朝鮮から中国への、沿岸部での漁業権売却を指摘。これが原因で、北朝鮮漁船は沖合に出ざるを得なくなり、日本のEEZ内にある大和堆で違法操業を始めた、との分析について、事実関係を照会した。

また、日本政府として北朝鮮に抗議したかどうか、感染症ウイルスを保有している可能性、あるいは、テロ行為を行う意思を秘匿したまま函館港などに曳航《えいこう》させ、バイオテロを行う可能性——などについても質している。

これに対し、安倍晋三首相は、大島理森《ただもり》・衆院議長宛てに答弁書を送付した。

答弁書は、北朝鮮漁船が大和堆で違法操業をしている背景について、「今後の対応に支障を来《きた》すおそれがあることから、お答えを差し控えたい」とした。

また、函館港に曳航する際の感染症対策、バイオテロ対策については、「検疫所長が検疫感染症の病原体が国内に侵入するおそれがないことを確認したほか、海上保安庁の立ち入り検査において、テロ行為の準備がないことなどを確認しており、適切に対応したものと考えている」と、書面で答弁している。

ここで注意しなければいけないのは、こうした事態を、じっと観察している者がいるということだ。周辺国、とりわけ中国である。日本が北朝鮮の漁船にどう対応するのか、武器は行使するのか、国内法で裁くのか、強制送還するのか。尖閣諸島を狙い、海上民兵の漁船団を持つ中国にとって、北朝鮮の漂流漁船は格好の実験台だ。政府は、ドローン、飛行船、人工知能（AI）や漁業者の力などを活用して、沿岸部の警戒監視システムを構築すべきだ。

とにかく、四方を海に囲まれた日本の領海・領土を監視・防衛するのは至難のわざだ。日本の領海と排他的経済水域（EEZ）を合わせた面積は447万平方キロもある。その中に、周囲が100メートル以上の無人島が6415も存在していることは、奄美大島の章で既述した。さらに、領土を囲む海岸線の総延長は、約3万5000キロにもおよぶのである。

この広大な海と長い海岸線は、わが国を守る堀や石垣となり、侵略などの脅威から国土を守ってきた側面もある。しかし近年、領海侵犯や密輸、密漁など、国民生活を脅かすような危機が、海を越えて押し寄せている。

こうした北朝鮮漁船への対応としてはまず、日本海中央部におけるEEZ内での密漁を徹底的に阻止しなければならない。放水銃を用いて管轄海域から排除するだけではなく、集魚灯を用いるなど計画的で悪質と思われる船は、ただちに拿捕《だほ》すべきだ。

２００１年12月に発生した九州南西海域での北朝鮮工作船侵入事案では、海上保安庁が威嚇射撃を行うなどの、厳正な対処が功を奏した。銃弾はエンジンに命中して工作船は自沈したものの、船内から回収した武器や携帯電話などの物証から、北朝鮮による工作活動や覚醒剤取引の実態が判明した。

後に、扇千景《おおぎちかげ》国土交通相が自沈した工作船を引き揚げ、国際社会の満天下に北朝鮮の国家犯罪をさらした結果、バルサンでたかれた害虫のように、金正日《キム・ジョンイル》総書記がノソノソと公の場に出てきて小泉純一郎首相との日朝首脳会談につながったのは、記憶に新しい。

残念なのが、民主党政権の対応だ。10年９月、尖閣諸島周辺海域で海上保安庁巡視船に体当たりした中国船長を逮捕しながら、地方検事の判断に任せ、処分保留で送還してしまい、中国につけ入る隙を与えてしまった。外交的解決を過剰に意識し、国家主権をないがしろにした結果、中国の尖閣諸島海域への侵出が加速し、恒常的に領土・領海が脅かされることになったのは、見ての通りだ。

海洋問題に詳しい東海大学海洋学部の山田吉彦教授は、「危機来訪の早期発見や対応には漁業者や海運事業者、沿岸住民など民間の協力が不可欠だ」とし、「安全保障の任務に就く海保、警察、自衛隊は、国民の信頼があってこそ機能を発揮する。そのためには法に基づく厳格な対応と国民の海洋安保に対する意識を喚起しなければならない。政府は日本の海洋の現状を的確に国民に伝える義務がある」と述べ、国民の問題意識を喚起していく必要があると説いている。

恫喝目的？　小笠原に200隻の中国漁船

狙われるのは九州の海だけではない。2014年10月から11月にかけ、東京都の南方海域、小笠原諸島と伊豆諸島の領海と排他的経済水域（EEZ）に、200隻を超える大量の中国漁船が集結した。表向きの目的は、1キロ当たり150万円以上の価値がある赤サンゴの密漁のためとされた。その後、罰則を強化する法改正を行って幕を引いたが、ことの本質は覆い隠されたままとなってしまった。

つまり、その気になれば密漁を装った大量の漁船をいつでも動員し、無人島や離島に押しかけ、あわよくばそこを奪うことができるのだ、という「中国官民が一体となった領土的な示威行動だった」というのが筆者の見解だ。2011年に世界遺産に登録された、大自然の残る小笠原諸島とその海域は、米国から返還されて18年で50年を迎えるという、そんななさなかの中国による挑発行為なのである。

さきに紹介した東海大の山田吉彦教授（海洋政策）も、「数十隻ならまだしも、200隻以上に増えれば、単なる密漁目的とは考えにくい」と指摘。中国漁船が領海に侵入し、島から見える距離まで大胆に近づいている状況などから「日本の海上警備態勢への挑発の意味合いもあるのではないか。現状を国際世論に訴え、中国側にサンゴ密漁をやめさせるよう圧力をかけるべきだ」と話している。また、小笠原諸島沖で中国漁船が領海侵入を繰り返すことで、尖閣諸島周辺海域の警備態勢に揺さぶりをかける、という狙いも指摘する。

中国問題に詳しい評論家の宮崎正弘氏も「サンゴの密漁は表向きで、実態はまさに第2列島線突破に向けた海上民兵の下訓練」とし、ジャーナリストの櫻井よしこ氏も「中国漁船の移動距離は往復4000~5000キロ、燃料費は1隻数百万円もかかる。商業目的というが、民間人がそこまでして割の合わない密漁をするはずがない。中国政府が絡んでいるのは明らかだ」と指摘する。

こうした中国漁船が姿を現し始めたのは同年9月で、海上保安庁は、10月30日には212隻の漁船がこの海域に展開していることを確認している。漁船団は小笠原諸島の父島周辺にも多数出没したため、島民は上陸などの不測の事態に備えて警戒態勢をとった。もちろん、漁業やホエールウオッチングなど、観光産業への影響が出た。島民の生活を脅かす事態だが、海上保安庁は、水産庁とわずか5隻の船舶で警戒に当たるのが精一杯だった。

中国漁船団は、基本的に中国海警局の管理下にあり、自由に動き回ることはない。

日本政府は中国側に密漁船の抑止を求めたが、中国側による密漁禁止などの指導はほとんどなく、むしろ、中国当局が漁船団に仕掛けているという疑いが濃厚だった。

こうした動きの直前、海保は尖閣警備の強化策として、専従チーム600人の海上保安官と

12隻の巡視船を配備することを表明し、2隻の新造警備船が石垣島に到着したばかりというタイミングだったため、これに北京が苛立ちを募らせていた可能性がある。

また、政治レベルでは、中国側が日中首脳会談を開催する条件として、尖閣諸島をめぐる領有権問題の存在を日本側に認めさせようとする動きが出ていた。このため、日本が中国側の要求を呑まなければ、首脳会談の開催に応じないだけでなく、尖閣諸島周辺海域以外でも、日本を恐怖に陥れる能力があるということを誇示しようとしたと、筆者はみている。これだけの状況証拠があってなお、中国漁船団の襲来の目的がサンゴの密漁だった――という日中両政府の説明は、サルにも通用しないだろう。

彼らは海保の実力を試すため、重点警備する尖閣諸島から遠く離れた小笠原海域に、大量の漁船団を集結させたのである。

だが日本政府も、さすがに赤サンゴの「密漁」事件に慌てたようだ。外国人密漁者に対する厳罰化を目的として、外国人によるEEZでの無許可操業を取り締まるEEZ漁業法と、領海内で外国人の漁業を禁じる外国人漁業の規制に関する法律の改正案を成立させた。

このEEZ漁業法では、外国人の密漁は1000万円以下の罰金が3000万円以下に、領海での外国人の密漁は、「懲役3年以下、もしくは400万円以下の罰金」だった改正前の罰則が、「懲役3年以下もしくは3000万円以下の罰金」と強化された。

根こそぎサンゴを持っていかれた実害と地元の島民に与えた恐怖心を考えると、これでもまだまだ甘い罰則と言わざるを得ないが、何もしないよりは、まだマシだ。今後、さらなる罰則強化も視野に、日本政府、衆参両院議員らには、柔軟な対応が求められる。

中国漁船を銃撃して拿捕：パラオ共和国を見習え

こうした中国漁船の狼藉に対し、何かと及び腰の日本の政治家たちに、爪の垢《あか》を呑ませたい、毅然とした国家がある。人口約2万人で、台湾とも外交関係を結ぶ、パラオ共和国だ。

パラオ共和国は2012年3月末、自国のサメの保護海域で違法操業中の中国漁船に、警察当局が警告射撃を行った。これを無視した中国漁民らが、漁船から小型艇2隻を降ろして操業を続けようとしたため、パラオの警察艇が小型艇を追跡、強制的に停船させるためにエンジンを狙って射撃した。

その際、中国人船長1人が死亡。小型艇に乗っていた残り5人を逮捕したものの、他の20人は証拠隠滅のため、漁船に放火して海に飛び込んだ。最終的には、死亡した1人を除き、25人全員を起訴している。あっぱれというしかない。日本の政治家たちには、戦前の統治時代からのなごりで日本名を多く残すパラオの人々から、国家主権を守るとはどういうことか、短期間で良いから研修を受けてもらいたいほどだ。

このパラオだが、台湾メディアなどによると2018年7月、同国の航空会社が中国との間で唯一運航していた香港路線を、停止するという方針を決めた。中国当局の圧力で中国人観光客が減少したためだが、このことは台湾内でも「中国の威嚇を恐れず台湾と断交しない姿勢を堅持した」(聯合報)などと評価された。

中国漁船に海上民兵

さて、こうした違法操業をいとわない中国漁船に対してだが、法改正だけではなく、実力による抑止と阻止も重要で、日本政府はさらに警戒監視を強化すべきなのだ。

繰り返し指摘するが、小笠原、伊豆諸島周辺海域に現れた大量の中国漁船の狙いは示威行動そのもので、「日本の領土領海への揺さぶり」(元海上自衛隊海将補)にほかならない。日本政府は、荒天を理由に日本の港などへの避難を認めた、片務的な日中漁業協定の見直しに着手する必要がある。

中国漁民がこうした協定を盾《たて》に堂々と上陸し、小笠原諸島の島民の安全や領土保全への懸念が強まる中、「日本と協力して解決を望む」(2014年11月5日、夜のニュース)という中国外務省のコメントを垂れ流す、当時のNHKの能天気な報道ぶりにはあきれたが、問題をサンゴの密漁事件に矮小《わいしょう》化してはならない。

大量の中国漁船団は小笠原諸島からサイパン、グアムを結ぶ第2列島線を攪乱《かくらん》し、米軍の接近阻止・領域拒否（A2／AD）戦略に道筋をつけることを狙った、中国海軍の先兵とみて警戒しなければならないからだ。

領土や領海をめぐり、大量の偽装漁船を使って敵対国に揺さぶりをかける手口は、中国の常套《じょうとう》手段である。さきにも述べたが、遠洋航海する漁船は中国当局の管理下にある。大船団の中に、軍事訓練を受けた海上民兵が紛れ込んでいる蓋然《がいぜん》性は高い。

これら中国漁民らが、小笠原諸島のいずれかの島に上陸を開始しても、阻止することはできない。また、海が荒れた場合、漁船団は緊急避難を名目に港に侵入し、不法に上陸することが考えられる。無人島を占領する者も出ないとは限らない。こうした場合は相手が漁民のため、対処するのは洋上では海保、陸上では警察の役目となる。だが、海保、警察ともに離島においては、大量の不法入国者に対処する機動力を持たない。また漁民が武器を行使したとしても、すぐに自衛隊を動かすこともかなわない。

尖閣にも大挙して襲来する中国漁船

大量の漁船といえば、国連が尖閣諸島周辺海底に石油の埋蔵を指摘した1970年代前半、中国漁船が200隻以上、周辺海域に押し寄せたことがあった。2016年8月にも、300隻を超える中国漁船が尖閣諸島周辺海域に大挙襲来した。だが、警戒すべき点は、1970年代と違って今回の場合、漁船だけでなく、彼らに寄りそうように多数の中国公船も繰り出してきたことだ。

海上保安庁によると、2017年8月5日午後1時半ごろ、中国漁船に続き中国公船1隻が領海に侵入したのをかわきりに、8日午後6時までに最大15隻の中国公船が同時に接続水域に入り、延べ17隻が領海に侵入するという、極めて異例の事態が起きていた。

こうした中、日本政府は、法改正というソフト面での警戒強化に続き、ハード面でも小笠原諸島の警備強化に向けて動き出した。

海上保安庁が、父島への巡視船配備を非公表で打ち出したのだ。海保だけでなく自衛隊も、外国機の領空侵犯・接近を監視する空自の移動式警戒管制レーダーの展開基盤の整備を予定している。米国からの返還50周年を迎えて国土防衛の重要性も高まる中、海・空両面で盤石の態勢を整えるのが狙いだ。海保はまた、人員増強と巡視船配備を計画中で、常駐する6人に、巡視船の15人を加えた約20人収容の宿舎を整備。18年度予算に宿舎設計費の約4600万円を計上し、19年度以降の着工を目指している。

ここまでは、中国サマサマだ。中国の「密漁」漁船が大挙襲来しなければ、こうした予算も、すんなりとは計上できなかっただろう。

小笠原周辺では、噴火活動で成長を続ける西之島の影響でEEZが拡大中で、さらに海上警備上の重要拠点となりつつある。

さきの2014年「サンゴ危機」の際、中国漁船の航路を分析した海保によると、密漁船の多くが、中国南東部の福建省や浙江省を出て尖閣諸島（沖縄県石垣市）周辺を通り、小笠原に現れることを確認。このため、尖閣諸島と小笠原諸島の両海域で警戒態勢を敷く「二正面作戦」を展開した。国際法を守らぬ者に対しては、パラオ共和国に限らず、毅然とした姿勢を示すのは当然である。密漁に偽装して、いつまた中国当局の指令を受けた中国漁船群が押し寄せるか分からない。「備えあれば憂い無し」である。

《筆者注：小笠原諸島は東京の南、約1千キロに位置し、父島列島など約30の島から構成される。2018年4月時点で人口は2610人で、戦前のピーク7711人（昭和19年）の約3分の1。戦後の1946年、米軍政下に置かれたが、68年6月26日、日本に返還されて東京都に編入。東京からの主な交通手段は約6日に1便の船便（片道約24時間）で、航空路はない》

五島列島も威嚇：民間協定で「間接侵略」を手引き!?

尖閣諸島周辺海底だけではなく、1970年代前半には、長崎県・五島列島にも中国漁船106隻が押し寄せたことがあった。それから約40年、台風が接近していた2012年7月18日未明のことだ。長崎県・五島市の玉之浦湾（五島市福江島）に、見慣れぬ中国の大型漁船団

五島列島・福江島に緊急避難と称して「来襲」し、玉之浦湾を埋め尽くした中国漁船
＝2012.7.18（五島市玉之浦支所提供）

が突如として現れ、陸から数十メートル先にずらりと停泊した。

この異様な光景に、町民は震え上がった。漁船には3000人前後の中国人が乗船していたと推測され、この中国漁民が上陸してくる可能性があったからだ。

五島市は、五島列島最大の島である福江島など、11の有人島と52の無人島を抱える。国防上は隙だらけといっても過言ではない。

しかも、警察、海保、水産庁、五島市役所は、「十分な監視体制をとる」ということしかできなかった。現在の国内法においては、上陸を開始しなければ対応できないからだ。だが、その監視態勢も心もとない。沖合に水産庁の監視船が1隻、陸上ではパトカー1台が、不法上陸する中国船員がいないかどうかを見張っていただけだった。

この3000人が一斉に上陸を開始したら、島の警察官だけでは身柄を拘束することさえできないだろう。五島では、過去にも中国漁民が不法上陸をしたことがある。このときは中国漁船の乗組員が不法上陸し、民家の倉庫の生米を食べるなどの窃盗事件を起こした。また、船上から食べかすなどのゴミをまきちらし、乱暴な操船の結果、湾内の定置網などの漁具を破損するという器物損壊事件も起こしていた。

こうした記憶もまだ新しい2014年、200隻以上の中国漁船が小笠原、伊豆両諸島周辺海域に現れたという事実を目の当たりにした五島の島民らは、中国が地理的にも近いことから、「いつまた五島列島に大挙して来るかもしれない」として、小笠原の島民ら以上に、海保や水産庁による警備の強化を訴えた。

このとき産経新聞社の九州総局長だった筆者は、小笠原諸島で起きたことは他人ごとではないとの判断から、総局の田中一世《いっせい》記者を五島列島に派遣し、2012年に中国漁船が押し寄せたときの模様を取材し報告させた。

長崎県五島市玉之浦町の町内会長、白石敏博氏は、「ものすごい威圧感だった。あれだけの船団で来るなんて異常だ。住民は『避難以外に何か狙いがあるんじゃないか。五島の海が占領されるんじゃないか』と不安を感じましたよ。小笠原の人たちも同じ思いではないか。密漁船とはいえ、台風の時は避難を受け入れざるを得ないのかもしれない。でも絶対に上陸させない方がいい。今回の（小笠原の）事態が心配だ」と語った。

あれから6年、旧盆を過ぎてなお、強い日差しが照りつける2018年8月25日に、筆者は旧玉之浦町（現在は五島市の一部）の玉之浦港を訪ねた。中国漁船が100隻以上と大量に押し寄せた当時の町長に会うのと、港そのものをこの目で確認するためだ。

中国漁船が押し寄せたときの様子を語る鶴田廣太郎元町長＝2018.8.25、長崎県五島市

1998（平成10）年から2004年まで、合併前の旧玉之浦町長を務めていた鶴田廣太郎氏（70歳）は、「ここ数年は来なくなったが、町長時代、数の違いはあるけれど、五島には毎年のように中国漁船がやって来た。それが当たり前のようになっていたことに、慣れてしまうのが怖かった。既成事実化されてしまうからね」と語る。

町長を辞めてからも港に面した住宅に住む鶴田氏は、12年7月18日の光景をよく覚えている。

「朝起きて港を見ると、100トン級の巨大な中国漁船が玉之浦湾をびっしりと埋め尽くしていた。どの船もこれ見よがしに、畳2枚分はあろうかという大きく赤い五星紅旗200〜300本をはためかせていた」（鶴田氏）。

玉之浦港が日中漁業協定に基づいて避難港に指定され、台風など荒天やその他の緊急事態の際、日本側（海上保安庁など関係当局）に事前連絡すれば入港できるということは知っていた。

だが正確に言えば、港への緊急避難は、日中漁業協定で認められてはいたが、「実際の避難港としての指定は、民間の覚書《おぼえが》きに過ぎなかった」（水産庁九州漁業調整事務所）。安全保障や治安を考えれば、国同士の協定の矩《のり》を越えた危険極まりない申し合わせだったことを、鶴田氏ら地元の関係者は知らず、政府同士の協定だと勘違いしたままだった。だからだろう、日本政府に対しても、指定港の解除や覚書きの白紙化を求めるアクションは起こさなかった。

この民間協定は、一般社団法人「大日本水産会」（東京都港区、白須敏朗会長）が中国側と結んだとされる。しかし、大日本水産会漁政部総務課は、「ウチ（大日本水産会）が中国側と避難港指定の覚書きを交わしたことはなく、政府の問題だ。水産庁に聞いてほしい」としており、わが国の安全保障上の問題を脇に追いやるだけでなく、地元住民の意向を無視したものであると言わざるを得ない。そもそも、筆者による文書での問い合わせに対し、現地の苦悩も知らないと思われる職員が携帯電話でぞんざいに対応してきた時点で、無責任の誹《そし》りは免れない。議会が真相を究明して対策を講じなければ、同じことが繰り返されるだろう。

さて、話を戻そう。この年の7月17日、台風7号が接近していたため、海上保安庁第七管区五島海上保安署（五島市東浜町）に緊急避難するという連絡が入った。一見、二国間協定に基づき、日本側が中国側の申し出を受け、人道的に中国漁船を避難させたように見えるが、騙《だま》されてはいけない。これは、中国政府による漁船を使った恫喝であり、威嚇行為である。

２０１０年現在で人口６０００人しかいなかった玉之浦町に、20人～30人乗りの大型の中国漁船が１００隻以上も来て、目の前の洋上に２０００～３０００人の荒くれ中国人がいるのである。これを脅威と言わずして何と言うのか。

繰り返すように、尖閣諸島や小笠原諸島に圧倒的多数の漁船を繰り出してデモンストレーションをするのは、中国政府の古典的な常套手段である。玉之浦港のケースも、その典型といえる。

その3か月前の2012年4月16日（日本時間17日未明）、石原慎太郎都知事（当時）は、ワシントンのヘリテージ財団主催のシンポジウムで行った講演で、尖閣諸島を地権関係者から買い取る方向で基本合意したことを明らかにした。購入の動機については、島に港湾施設などを整備して日本の有効支配を確たるものにするためとした。

この講演会には、当時産経新聞ワシントン支局長だった筆者も出席し、石原都知事の話を直接聞いている。この動きに焦った民主党の野田佳彦《よしひこ》首相は、「東京都に勝手なマネはさせない」とばかり、尖閣諸島の国有化に向けて動き出した。実際に国有化するのはこの年の9月11日だが、東京都は購入資金を捻出するために寄付金を募集し、5月18日までに5万6239件、7億6609万3340円を集めている。

こうした日本側の動きに対し、国際法的にも歴史的にも何ら根拠なく尖閣諸島を自国領だと主張する中国政府の憤懣やる方なさは、想像に難くない。だが、同年7月に始まるロンドンオリンピックを前に、尖閣諸島で国際社会から非難を浴びかねない挑発行為を行うわけにもいかなかった中国政府。こうした状況にあった彼らが考えたのが、五島列島に対する中国漁船を使った威嚇行為だったと、筆者はみている。

こうした外交上の駆け引きは、断片だけを切り取って見てはいけない。その前後、もっとさかのぼった過去の経緯を入念に分析しなければ、彼らの本当の意図は見えてこない。民主国家と違って、党綱領に基づき、ゲームブックを1枚、また1枚とめくりながら次の1手を考えつつシステマティックに動く共産党独裁政権は、裏を返せば、こうした言動や過去の経緯の連続性を丹念に追いかけることで案外、簡単に見破ることも可能なのである。

話を五島に戻そう。今から20年前、五島に中国漁船が来たときには、船員同士が刃傷《にんじょう》沙汰を起こして玉之浦町に上陸、民家に押しかけるという事件があった。

当時、地元の平成中学校の校長だった清水肇一郎元五島市教育長（72歳）は、今でもそのときのことを鮮明に覚えている。当時はもちろん、中国漁船が避難していることは知っていた。

「夜中、午前零時を過ぎていた。玄関のドアをドンドン、ドンドン叩き、中国語で何やら言っていた。いつドアを蹴破って押し入ってくるか分からないから恐かった。武器を探したが、すりこぎ棒しかなかったので、それを持って玄関の入口で構えていた」

中国漁船の船員に自宅を「襲来」されたときの恐怖を語る清水元校長＝2018.8.25、長崎県五島市

清水氏によると、この夜、3〜4人の中国人船員がやって来たという。110番通報し、後で中国人漁船員らと筆談して事情を聞いた駐在の警官の話によれば、「人が刺されて重傷だから病院に運んでほしいということだった。『助けてくれ』と言っていたようだが、本当に恐かった」と当時を振り返りながら話す。

こうした恐い思い出以外には、特に中国人らの狼藉は記憶がないという清水氏だが、さきの鶴田氏によると、「漁船員はマナーが悪かった。発泡スチロールやペットボトルなどの不燃ゴミはバンバン海に捨てるわ、貝毒をまちきらすわで、とても迷惑した」ということだが、それだけでは済まなかったという。中には上陸して山の中を逃げ回り、警官らが山狩りをしたこともあったそうだ。3日目にようやく身柄を確保して逃げた理由を聞くと、「姉が東京にいるので東京まで送り届けてほしい」と、耳を疑うようなことを言ってのけたという。

玉之浦港に来た中国漁船は、東シナ海で虎網《とらあみ》漁や底曳網《そこびきあみ》漁をしていた400～500トン級の大型漁船だった。五島列島の沖合は、アジ、サバなどの好漁場で、中国大陸にも近く、以前から領海やEEZ内での違法操業が後を絶たない。

ここ2～3年こそ、避難してこなくなったが、中国漁船が〝襲来〟した2012年は、3回にわたり計162隻が港に押し寄せた。13年にも計31隻、14年は計11隻が避難名目で緊急停泊した。この回数は異常だ。日本政府や地元住民を威圧する目的で、遭難しない程度の暴風雨をわざと狙って出港し、日本周辺海域で操業しているのではないかと思われるほどの頻度である。

1989年には、五島列島・福江島北部の港に、木造船に乗った外国人が大挙して押し寄せてきた。最初はベトナム難民とみられたが、実際には中国からの密航者だった。当時を知る関係者によれば、「船内には100人ぐらいがスシ詰め状態で、この年だけで3回来て、2回上陸されてしまった。監視や防疫のための消毒に追われ、島はてんやわんやだった」という。

お隣の韓国では2008年9月、中国漁船の取り締まりに当たった韓国の警官が、中国人乗組員にシャベルで撲殺される事件が起きた。この際、漁船からは、竹槍やハンマー、鉄パイプなど20点以上が見つかり、中国漁船が準武装している実態が明らかになっている。

問題は、離島の中の離島、すなわち「二次離島」と呼ばれる、過疎の島の存在だ。五島市のある福江島と本土の間には、船や航空機の直行便がある。しかし、九州には五島列島以外にも、本土と直接の交通の便で結ばれていない、有人の二次離島が少なくないのだ。

こうした二次離島の無人化を防ぐために、五島市は再生可能エネルギーを用いた島の活性化に乗り出している。椛島《かばしま》の沖合には、浮体式の洋上風力発電施設を設けた。田ノ浦瀬戸や奈留《なる》瀬戸といった狭い海峡では、潮流発電の施設をつくる計画もあるという。

2014年当時、派遣した総局の田中記者に対し、五島市防衛協会会長で福江商工会議所の前会頭、才津為夫《さいつためお》氏は、「抑止力を高める自衛隊の基地を離島に配置すべきだ。そこに家族も来てくれれば、人口が増えて経済効果もある。一石二鳥だ」と、二次離島への自衛隊配備の必要性を強調していた。

九州の離島には本能的な警戒感がある

九州の人には、中国人漁民らに対する生理的な警戒感があるといっても過言ではない。それだけの経験を記憶してきているからだ。

海保や水産庁の監視船が、どれだけ違法操業の密漁船を捕まえても、中国漁民は四の五の言い逃れするのが得意だから、タチが悪い。

2014年5月14日午後7時ごろ、五島沖の領海内に中国漁船が3隻侵入し、このうち1隻が違法操業しているのを水産庁の漁業取締船が発見し、外国人漁業規制法違反（領海内操業）容疑で、船長（48）を現行犯逮捕した。だが、船長は福岡地裁での公判で「日本の領海だとは知らなかった」などと主張し、あろうことか丸田顕《あきら》裁判官は無罪を言い渡してしまった。世間知らずの裁判官が中国人のウソに言いくるめられてしまったかのような判決であり、中国漁船の横暴を助長しかねない、大いに疑問の残るものだった。

このように、九州沖東シナ海の日本のEEZ内では、中国漁船による違法操業が後を絶たない。この年の2月6日にも、中国の底曳網漁船が漁業主権法違反の疑いで拿捕されている。「日本のEEZ内は、中国より大きな魚がたくさん獲れる。大きい方が高く売れるので、これからも日本のEEZ内で操業したい」

水産庁の漁業取締船「白鴎丸」に日中漁業協定違反の現行犯で逮捕された中国漁船の許軍祥容疑者は、取り調べに対して、こうウソぶいた。EEZ内での他国の漁船操業は許可制となっており、漁船総数の上限や船ごとの漁獲量などが細かく規定されている。

こうした違法漁船であるが、水産庁九州漁業調整事務所が2013年に拿捕した外国漁船13隻のうち、中国漁船は6隻にのぼる。火器を装備しながら洋上の警戒に当たる海保の巡視船に比べ、水産庁は、放水銃や音響閃光弾などで取り締まるしかないのが実情だ。

映画「海猿《うみざる》」などで海上保安官の活躍は広く知れ渡っている一方、同じく「海を守る」仕事でありながら、水産庁漁業監督官の認知度は残念ながら低いが、それでも彼らの士気は高い。

違法漁船には海上民兵や密入国をたくらむ工作員が乗っているかもしれない。さきの田中記者の取材に対し、水産庁白鴎丸の2等航海士は「暴れようとする中国人船員を制止するのは大変で、危険と隣り合わせだ。だが、海の資源を守ることに直結する仕事だから、やりがいはある」と語っている。

中国側が漁場を広げる背景には、中国国内での魚需要の高まりがある。かつて中国で海水魚は高級食材だったが、経済発展により国民の所得が増えた上、流通・保存技術が向上したことによって、内陸部でも海水魚が人気を集めるようになったのだ。

国連食糧農業機関（FAO）の統計によると、2000年の中国内での海産物消費量は3150万トン、漁船数は約48万7千隻だった。これが2009年には消費量4236万トンに増え、漁船数も67万2千隻になった。しかし、こうした魚需要の高まりによる違法漁船の狼藉と、政治意図を持った威嚇としての襲来を切り離して考えては危険なのである。密漁や乱獲ならまだ死傷者は出ない。しかし、国防動員法や政治指令を受けた偽装漁船が侵入してきた場合には、日本の漁船や日本人に対して、いつなんどき牙をむいてくるか分からないからである。

沿岸強化で日本の島々を守れ

不良中国人はかつて、小笠原諸島や五島列島以外の市街地にも押しかけた。

古くは1886（明治19）年8月1日、清国海軍 北洋艦隊の定遠、鎮遠、済遠、威遠の4隻の軍艦が、長崎県の長崎港に入港、500人からなる清国水兵が日本の許可なしに勝手に上陸を開始し、長崎市民に乱暴狼藉を働くという事件があった。

彼らは泥酔して暴れまわるだけでなく、婦女子を暴行し、取り締まりで駆け付けた日本の警察官を、なぶり殺しにしている。地元では静かに語り継がれている、苦々《にがにが》しく腹立たしい記憶だ。

現在の中国は、さすがにここまで露骨なことはやっていないようだが、南シナ海のスプラトリー諸島やパラセル諸島では、大量の漁船団を使って示威行動させ、その後に漁船保護を名目として海軍艦艇を派遣するのを常套手段としている。島の領有権を主張するフィリピンやベトナムの抗議など、どこ吹く風とばかり、軍艦を派遣して不法占拠し、国際紛争の種をまきちらしているのは周知の通りだ。

たとえ占領目的でなくても、安易に国土に上陸を許してならないのは当然だ。さきに指摘した、荒天による日本の港への緊急避難のあり方も、見直す必要がある。つまり、日中漁業協定の改定だ。人道的な配慮から締結されたこの協定だが、日中間では著しく公平性を欠くからだ。中国漁船が日本の港に避難と称して押し寄せることはあっても、「日本の漁船が中国の港に避難するケースは聞いたことがない」（水産庁担当者）というのが実態だからだ。

こうした漁民は、実は、海上民兵かもしれない。海上民兵か漁民か判別できぬ連中を合法的に上陸させれば、それが既成事実化して、事実上、島を乗っ取られることにもなりかねない。不平等な協定は、一刻も早く見直すべきである。

その上で、法改正と罰則強化、海保・警察当局による実力阻止能力を高めるため、沿岸警備体制の見直しを進めなければならない。海保と海自はソマリア沖の海賊対策において、自衛艦に海上保安官が同乗し、法の執行に備えた連携体制を整えた。密漁を装ってわが国の領海に近づく外国漁船に対しても、自衛艦に海上保安官が同乗する施策をとれば、機動的に海洋警備を行うことが可能になる。

さらに、地味だが大切なことは、離島振興策の一環としてインフラ整備を進め、住民による監視を強化することだ。ただ、五島列島のケースもそうだが、「監視の目」の役割を果たす漁業者が、漁業不振や高齢化で減少していることも、中国漁船の狼藉を許す残念な背景となっている。

こんな違法漁船は、断固として取り締まりを強化するだけである。さきに、違法操業をやめない中国漁船に対して発砲し、乗組員を起訴したパラオ共和国のケースを紹介したが、次に紹介するインドネシア政府も、なかなかのものである。

インドネシア政府は2015年5月20日、領海内での不法操業中に拿捕した中国漁船（300

トン）を爆破したのだ。海洋国家を目指すジョコ政権は、その一環として不法操業船の取り締まりを強化しており、見せしめの意味合いのある措置だった。しかも、中国だけでなく、フィリピンやベトナムなど計41隻を拿捕、爆破したというのだから、相当な女傑である。さらにこれまで、タイなどの違法漁船約150隻を爆破してきた。

ここで「女傑」と言ったのは、こうした爆破を指示したのが、その実行力からインドネシアの〝田中角栄〟と称される、スシ・プジアストゥティ海洋・水産相だからだ。

スシ氏は高校中退後、魚の行商から身を立て、水産ビジネスで大成功を収めた、立志伝中の人物だ。右足首からすねにかけてフェニックス（不死鳥）の入れ墨があり、3度の結婚のうち2度が国際結婚という経歴も異色と言える。派手な色の服装を好み、胸元を大きく開けることでも知られる。

インドネシア政治が専門の、日本貿易振興機構（JETRO）アジア経済研究所の川村晃一研究員によれば、「スシ氏は最も人気が高い閣僚だ。国民は彼女の国益を守る毅然とした態度を好意的に受け止めており、メディアでも頻繁に取り上げられている。ものすごい『やり手』であることは間違いない」そうだ（夕刊フジ2016年4月6日付 電子版）。

ここまで、わが国や東南アジアにおける中国の違法漁船の動きをみてきたが、日本の離島が抱えるのは、こうした不良漁民の問題だけではない。

五島列島では、長崎県の対馬で韓国資本の毒が回り始めているような、中国や韓国など外国資本による大規模な不動産買収が現実になったケースはまだないが、やはり中国資本の動向は目が離せない。密入国はともかく、合法的な取引による土地取得が加速したら、わが国の離島や過疎の村はどうなってしまうのか。これは、国境の島々が抱える共通の悩みだ。

第五章　韓国に占領される国境の町

韓国資本に買い漁られた対馬の海自基地

長崎県・対馬の中部よりやや南に位置する美津島町竹敷《みつしまちょうたけしき》地区。対馬の中で海岸線が最も複雑に入り組んだ、風光明媚な場所にある。対馬空港から車で20分ほど走り、海岸線沿いの小高い山を下ると、その左手先に大きな電波塔と白い建物が目に飛び込んでくる。

海上自衛隊 対馬防備隊本部だ。

実はこの本部、隣接する土地を韓国資本に買い漁られ、正門玄関前を韓国人観光客を乗せた小型バスが猛スピードでひっきりなしに行き交っている。いや、隣接どころか、基地のどまん中を抜けて韓国ホテルと海自基地前の公道をバスが行き来しているのである。

両脇に背の高いフェンスがあり、鉄条網が張り巡らされてはいる。しかし、よりにもよって、

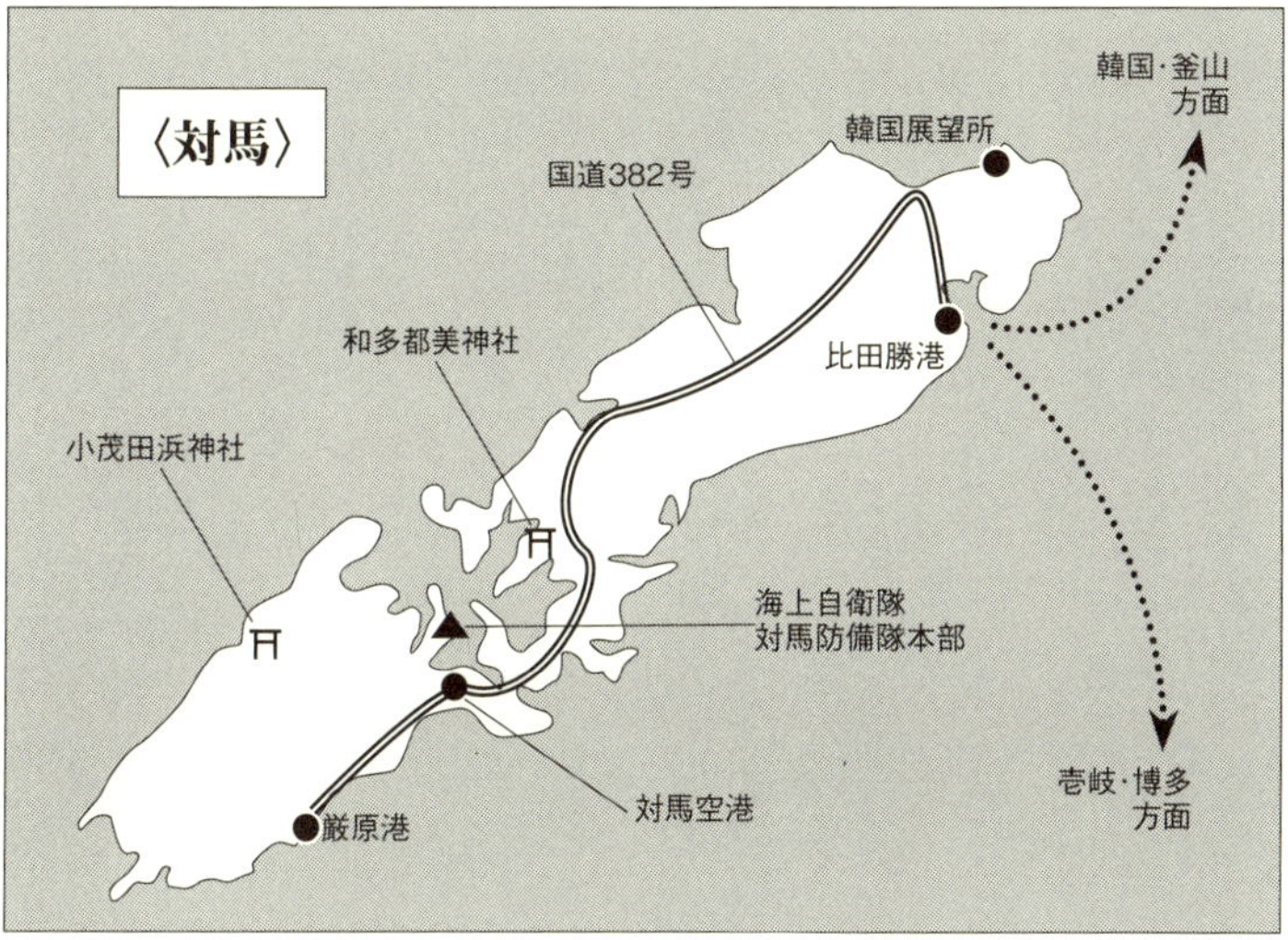

国境の要衝に位置し、現在は海上自衛隊基地に挟まれた小道を、何のチェックもなしに外国人を往来させているのだから、国はいったい何をやっているのだろうか。

戦前は、外敵からの守りを固めていた日本海軍の要港部だった場所だ。これを、民間業者が合法的に買収しただけだから問題ないというのならば、東京・市ヶ谷の防衛省敷地内を通り抜け、隣接する土地に韓国人が民泊マンションを営業申請したら、ぜひ許可してみてはどうか。竹敷で許しているこことは、これと同じことなのだ。

この、海自基地に隣接する土地を買収した韓国ホテルを眺めていると、地元の島民と同じように、防衛省の「脇の甘さ」に対する憤りが、静かに湧き起こってくる。こんなていたらくでは、国を守れないという気がしてならない。本書を手にとった読者の中で、少しでも関心があり、時間と金銭に余裕のある人は、ぜひ一度、この場所を見て来てほしい。
ひとしきり周囲を写真撮影した後、基地施設内を通り抜け、車を道路脇に止めて韓国ホテルの敷地に入った。すると、体格の立派な用心棒風の男性職員が、駐車していたホテル敷地内の車内からすっ飛んできた。見るからにピリピリしたムードが漂っており、からだ全体で筆者への警戒警報を鳴らしていた。

韓国人の男「何やってるんですか」
筆者「観光ですよ。良いとこですね。釣り客相手ですか」
男「そうですよ。ここは私有地だから出て行ってください」
筆者「日本人も泊まれるの？　なんだか韓国人ばかりみたいだけど」
男「泊まれますよ」
筆者「今度、泊まろうかな。自衛隊の基地隣りのホテルって面白いからね」
男「だから、出て行きなさいって」

これ以上粘ると、建造物侵入の現行犯で通報されて、日本の警察に日本人の筆者が検挙される事態になりかねない。しぶしぶ敷地を出ようとした。と、そのとき、なんと、さきほどの男性職員が車で尾行してくるではないか。

海自基地に隣接する、3つある韓国系ホテルのうちの1つ＝2018.7.29、長崎県対馬市

筆者が、ホテル外の道路脇に止めていた車にいそいそ乗り込み、事前に話を聞いた近所の日本人宅前に車を止めて後ろを振り返ると、もう後は追って来なかった。そこで、ほとぼりが冷めたころを見はからって、今度は基地周辺の別の韓国ホテルに徒歩で行ってみた。

公道から見ると、ホテルは平屋で、裏手に回ると水辺に接していて、そこが船着き場になっていた。ホテル建物の外壁にはハングルで何か書いてあり、韓国人の若い男性数人が立ち話をしながら筆者の方をジロジロ見ていた。すぐ横には海自の電波塔があるのに、韓国の漁村で迷子になったような感覚に陥った。

こんな現状にもかかわらず、あるネットの書き込みには、「対馬が韓国資本に支配されると過剰反応する人がいるが、ホテル開発などが行われているのは常識的な範囲。過剰反応しているのは、右翼やネット右翼と呼ばれる韓国人がわけもなく嫌いな人だけだ。もともと隣が民間人の出入りがある事業所だったわけだから、それがホテルに変わっただけ。過剰反応する理由が分からない」（2014年1月17日付）とあった。

韓国資本による日本の土地買収について、麻生太郎財務相も首相時代、「土地は合法的に買っている。日本がかつて米国の土地を買ったのと同じで、自分が買ったときはよくて、人が買っ

海自基地に隣接する、3つある韓国系ホテルのうちの1つ＝2018.7.29、長崎県対馬市

たら悪いとは言えない」と発言をしている。ネットの書き込みも、当時の麻生首相も、一見、真っ当なことを言っているようにみえて、やはり能天気と言わざるを得ない。

確かに日本も、三菱地所が20世紀後半のバブル全盛時に、特大のクリスマスツリーで知られる米ニューヨーク・マンハッタンの高層ビル買収などを手がけたことがある。また、酒造メーカー「サントリー」が、米ケンタッキー州のバーボン会社を買収したこともある。

しかし、これと竹敷の海自基地周辺の土地売買の決定的に異なるところは、マンハッタンの場合は多くの人の目があり、軍事施設があるわけではないという点だ。一方の竹敷は、人目につかない過疎の漁村で、人目どころか、日本人がほとんどいないところに基地があるのである。

また、当時の河村建夫官房長官も「海自基地はきちんと運営できる姿になっている」と、見てきたようなウソを言って、国境の守りを心配する国民を欺《あざむ》いた。韓国人の乗ったバスが、ひっきりなしに猛スピードで基地前を通り過ぎる環境は「きちんと運営できる姿」とは言えまい。

さらに、韓国ホテルの一角から通信傍受をされている可能性についても、自信を持って否定できるのか。なにしろ古来より朝鮮半島を睨む戦略上の要衝にあるにもかかわらず、通信情報を扱う防衛拠点が3つの韓国系ホテルに囲まれてしまったのだ。観光客やホテルスタッフを装い、どんな通信機器を持ち込んで盗聴、傍受しているか知れたものではない。

と言うと、過疎の村だけでなく、都内だって防衛施設の周囲にあるマンションに、だれが住んでいるか分からないではないか——という反論が聞えてきそうだが、少なくとも外国資本の関与が竹敷のように明確に判明している場合、カネさえ払えばどんな場所でも売って構わないという発想は、国防上、通らない。

現在の小野寺五典《いつのり》防衛相は、現地を視察すべきなのだ。しかし実際には、問題意識を持った一部の超党派議員が視察したきり、ケ・セラセラ（なるようになる）になっている。韓国風に言えば、ケンチャナヨ（心配すんな）だ。もしも、現地視察をしないのは韓国を刺激したくないからだと言うのなら、まったく理由にならない。こちらが刺激されているのである。

海上自衛隊基地に隣接する韓国系ホテルの船着き場＝2018.7.29、長崎県対馬市

韓国嫌いは「日本ヘイト」が原因

外国人の土地売買を規制する法律がないのであれば、現地視察をすることで、防衛施設周辺

の買収をたくらむ韓国や中国などの外国資本の進出を、しっかりと牽制すべきなのである。

この一件は、単なる韓国の私企業によるビジネスとしての土地買収で片付けることのできない、根深い問題をはらんでいる。後ほど詳述するが、韓国の地方議会が対馬市役所で対馬の領有権を主張するパフォーマンスを行い、韓国人団体が韓国を象徴する木槿《ムクゲ》(韓国名・ムグンファ)の花の種を対馬に蒔きちらす組織的な運動を公言し、現に実行しているという事実を知ったとき、こうした土地買収も合法的な取引を利用した組織的な日本侵略であると考えない方が、どうかしている。

自民党がだらしないなら、野党がしっかりせよと言いたい。日本共産党は旧ソ連やロシアに対し、北方4島だけではなく、千島列島すべてを返還せよと、骨のある論を展開してきたではないか。対馬の現状も、自分の目で見て島民の声をじかに聞き、いま対馬で何が起きているのかを知るべきだ。それを、ビジネスだから問題ないと「なあなあ」で見過ごした結果が、現在の非常事態なのである。

というわけで、匿名のネットの発言に正面から反論するのもどうかと思うが、あえて言えば、日本に嫌韓が広がったのは、慰安婦像や徴用工像などをつくってジャパン・ディスカウント(日本の地位失墜)運動に余念のない、韓国自身にも問題がある。

さきに紹介したネットの書き込みがあった2カ月前の2013年11月、産経新聞とFNN(フジニュースネットワーク)が行った世論調査の結果によると、戦時中の韓国人徴用に対し、韓国で日本企業に賠償支払いを命ずる判決が相次いだことを受け、外交や経済活動の相手として「韓国は信頼できない」とする回答が7割近くに達している。

国民世論や情緒で動くとされる韓国司法が司法なら、韓国の政治もまるでなっていない。朴槿恵《パク・クネ》前大統領の所業を振り返るまでもなく、歴代大統領の言動は目を覆うばかりだ。

アメリカのゲーツ元国防長官が、2014年1月に発売した回顧録『デューティ（任務）』の中で、韓国の盧武鉉《ノ・ムヒョン》元大統領を「反米的で、おそらく、ちょっと頭がおかしい」と断じ、韓国で波紋が広がったのは、知る人ぞ知るエピソードだ。ゲーツ氏は07年11月に盧氏と会談した際、現職の大統領だった盧氏が「アジアにおける安全保障の最大の脅威は米国と日本だ」と述べたことを暴露した。

盧大統領はそれより前にも、ラムズフェルド元国防長官に「日本を仮想敵国としよう」と真顔で提案し、ラムズフェルド氏が「この馬鹿、何を言っているんだ」と周囲の国防省スタッフに吐き捨てた、という話も有名だ。

このように、韓国での官民一体となった、日本と日本人へのヘイトの実態は、好きとか嫌いとかではなく、事実として、われわれ日本人は知っておいた方が良い。

自衛隊基地周辺の土地を買収されている問題は、右翼やネット右翼のほか、「ワケもなく」韓国を嫌いになった人だけが過剰に反応しているわけではないのである。筆者のように韓国の歴史や文化、韓国語に興味があり、NHK韓国語講座を放映初日から毎週日曜の朝7時に見て勉強していた者ですら、こうした韓国企業のやり方を見ると、いかがなものかと思うわけである。

「防衛省が馬鹿なんだよ」怒る地元住民

さて、竹敷の問題は国防上の大きな問題として、遅まきながら自民党本部でも取り上げられるようになってきた。こうした問題提起は、『対馬が危ない』（産経新聞出版）を上梓した産経新聞編集委員の宮本雅史記者の、足で稼ぐ丹念な取材によるところが大きい。

海自基地の右向かいに住む水産関係業の西倉孝義（70）氏は、「仕事で韓国に何年も住んでいたから韓国語もできるし、彼らの気持ちも分かる。今でも韓国人と釣り関係の仕事をしている」という。実際、筆者と話をしながらも、かかってくる携帯電話の受話器ごしに「ヨボセヨ（もしもし）」と反応し、韓国人との商談を進めていた。

海自基地の右向かいに住む水産関係業の西倉孝義氏
＝2018.7.29、長崎県対馬市

では韓国シンパなのかと思いきや、電話が終わると、カラになった煙草の箱を右手で握りつぶしながら、「ビジネスとこれ（土地買収）は別だよ。（海自基地周辺を買い漁る）こんなやり方は許せねぇんだよ、ったく」と語る。

そして、「韓国人というよりも、国（日本政府）に対して本当に腹が立つ。手ぬるいんだよ、国は。考えが甘いんだよ、考えが。2~3年前かな、右翼が来てワーワー(韓国資本の買収に反対だと)やっとった。一方で韓国人ガイドは『昔は韓国領だった。いつかは韓国に取り返す』なんて抜かしていた」と語った。

すると、話しているわれわれの目の前を猛スピードで、黒色の小型バスが2台、立て続けに通り過ぎていった。実に危ない。韓国ホテルの運転手が運転する、韓国人観光客を乗せたバスだ。

「危ねぇなぁ、ったく。(対馬最北端の北対馬)比田勝《ひたかつ》港の国際線ターミナルから、普通は車で1時間30~40分かかるのに、(彼らは)1時間10分で来ちゃう。それだけ運転が荒くて危ないんだって。(漁村の)狭い道だって言うのによ。車に乗っているとき、いつも後ろから煽られて恐い思いをしてんだよ」

いたるところでゴミを捨て、トイレを汚すだけではない。車の運転という、一歩間違えば命にかかわる道路でのマナーも、相変わらず悪い。地元警察も、スピード違反ですぐ検挙できそうなものを、やらない。警察も人手不足で手が回らないのだろう。

西倉氏の自宅前には毎日のように、韓国ホテルの中型バスが2台から3台、停車する。大型バスだと、海自基地内の道路の道幅が狭くて通れないためだ。

こうした土地売買の経緯について、西倉氏は「大洋真珠が日本人の世話人に売ってしまった。当初、大洋真珠は変な人に買われたらいけないから、『国に買ってくれ』と言ったのに、防衛省が『予算がないから買えない』と言ってこのザマだ。売却先の名義人が日本人だったから、まさか韓国人に買われてしまうとは思わなかったんじゃないか」と話す。

大洋真珠は1951年9月、大洋漁業の長崎支店が真珠養殖部として発足したのが前身で、現在は「マルハニチロ」（本社・東京都江東区）となっている。大洋真珠時代の1990年5月には、天皇皇后両陛下が竹敷事業所を視察するほどだったが、真珠養殖業の衰退で2002年に工場を閉鎖。2007年、島民を仲介人とする韓国資本に買収されてしまったという。

今回、マルハニチロは筆者の取材に対し、「当時の資料によれば、『当社グループ内での有効活用や自衛隊ならびに地元の土木関連業者等への売却可能性について検討いたしましたが、困難な状況でした』との記載があった」と回答した。防衛省に買い取りを依頼したのに、「予算不足で断られた」（地元島民の証言）のかどうかについて聞くと、そうした事実があったかどうかは「不明」とした。

ただ、最初の回答にあった通り、「自衛隊ならびに地元土建業者等への売却可能性について検討した」という事実は認めた。

マルハニチロによると、マルハニチロ（当時はマルハ）は、2002年5月28日付で、土地を所有していた大洋真珠からこの土地を取得した。5年後の2007年7月31日付で、マルハニチロ（当時はマルハ）から、対馬市にある「ベイシェル有限会社」に売却したという。

一連の経緯に詳しい対馬市議の小田昭人氏（69）によると、マルハニチロから購入を持ちかけられた対馬防備隊本部は、購入を前提に長崎・佐世保の海上自衛隊佐世保地方総監部に相談し、佐世保地方総監部も乗り気で、買収を前提に動いていたと聞いている、という。

しかし、防衛省本省が予算不足を理由に買収せず、売却先が見つからないうちに日本人名義のベイシェル社に売却し、その後、原資が韓国資本であることが分かったという。

こうした話が噂となり、地元では、「国が馬鹿なんだよ。本当に腹が立つ」(西倉氏)という話が定着しているわけである。この点について、防衛省に正式ルートで回答を求めたが、8月中旬の段階で、返事はまだない。

雇用創出で苦渋の選択：韓国資本を受け入れ

海自基地周辺に住む元自治会長の俵次男氏
＝2018.7.29、長崎県対馬市

基地と韓国ホテルに隣接した一角にある、平屋の一軒家を訪ねた。中から出てきたのは、元対馬市役所職員、俵次男(71)氏だ。韓国ホテルが進出した経緯などについて聞くと、こう話してくれた。

当時、竹敷の自治会長だった俵氏の自宅を韓国人が訪問し、「(俵氏の自宅と海自基地に隣接した場所に)リゾート・ホテルを作りたいから、理解をしてほしいと言って来た。従業員を雇用すると言うんだね。そう言われると断りづらい。実際に、今でも竹敷から何人か雇ってもらっている」と語る。これを、韓国ホテル側が雇用をエサに地元の説得にかかった、というと分かりやすいのだが、そう書くと、いかにも下品だし、表面的過ぎる。人口流出と過疎に苦しむ地元にとって、雇用の創出は大きな魅力であり、おそらく韓国側もその点は熟知して、地元と共存共栄を図ろうとしていたのだろう。

実際、竹敷は「住民は300人くらい。以前は500人いたけど、みな家を売って病院やスーパーのある本土に行きたがる。小学校も合併したりして、人口は減る一方だ」（俵氏）という。しかし地元住民も、雇用をエサに、ただ黙って釣られたわけではない。

俵氏は、「雇用してくれるのはありがたいが、過疎の村だし、海上自衛隊の基地もあるこの場所に韓国ホテルが出来るのには、みな反対していた。防衛省が買ってくれないというから、対馬市にも相談して、どうしたら韓国ホテルの進出を阻止できるか、八方手を尽くして頭をひねった。だが、どうしても阻止できなかった」と証言する。具体的には、「建築基準法関係や、水を扱うから保健所関係だとか、登記上の問題を指摘してホテルを建設できないようにするため、法務局なども訪ねて相談したが、違法性を理由に阻止することはできなかった」と、あきらめ顔で語った。

韓国人客は、多いときは500～600人にも膨れあがり、住人以上の数になるという。治安上の不安を聞くと、「韓国人客はいつも3、4人で行動し、自宅や基地周辺をたむろしている。すれ違うときジロジロ見るし、良い気持ちはしないよ」（俵氏）と話す。

さきの大洋真珠だけではない。対馬では、他の真珠養殖業者も韓国資本に売却されている。斜陽となった真珠の養殖業者が、韓国資本に狙い撃ちされていたのである。

前出の西倉氏と同様、現状について俵氏に尋ねると、柔和な見た目と温厚な語り口からは想像できない、次のような言葉が返ってきた。さすが、神国を任ずる対馬人だけのことはある。

「こんなことでは、大和の国を守ることができませんよ」

天皇皇后両陛下の石碑が韓国の人質に

基地周辺が韓国ホテルに買収されたままでいるのも国防上問題だが、天皇皇后両陛下が行幸啓されたときに記念でつくられた石碑が放置され、韓国資本の手に渡ってしまったことも、日本人の気持ちを逆《さか》なでした。

韓国ホテルの敷地内から移転された天皇皇后両陛下の行幸啓を記念する石碑＝2018.7.29、長崎県対馬市

この石碑は１９９４年５月21日、天皇皇后両陛下が行幸啓されたのを記念につくられ、両陛下が寄り添うイメージの石がデザインされ、５５０万円ほどの費用がかかったそうだ。

しかし石碑は、買収された韓国ホテルの敷地内で放置されたまま、周りには雑草が生い茂っていたという。

心を痛めた島民有志が、韓国ホテルを改修した地元日本企業の業者を仲介する形で石碑の「救出」に乗り出し、韓国ホテル側と交渉して、6年がかりで現在の海自基地正門横に移転した。その解体、移転、新設費用を対馬市に要請したが、「当時の財部能成《たからべやすなり》市長が議会答弁で、政教分離とかワケの分からんことを言うて、費用を出してくれんかった」（小田市議）という。

また、直接動いた日本会議 対馬支部の松井雅美支部長（69）も、「移転費用を工面するため、対馬市議会に働きかけたが、韓国に対して何を遠慮しているのか、市は腰が重く、動いてくれなかった。日本会議の長崎本部に相談して全国から賛助金を集め、何とか移転を実現できた」と証言する。

石碑が韓国ホテルの敷地内にあったときは、「韓国人らが石碑に腰掛けるのはまだ良い方で、靴の裏で蹴りを入れる不逞な輩もいた」（周辺住民）のが目撃されており、それを見たり聞いたりした島民は、ほぞをかんで悔しがっていたという。

こうして、記念の石碑こそ移転できたが、韓国資本による対馬の買収が進む現状について、松井氏は「本当に乗っ取られてしまう。そんなことないという島民もいるけど、実態を知らないだけ。名義人が日本人だから、韓国資本への売却は防ぎようがない。彼らはゴミだけを捨てていって、地元にはカネを落とさない。韓国人経営のホテルや旅館に泊まり、韓国系の免税店で買い物をするだけ」と、憤慨やるかたない様子だ。

ルーピー鳩山の悪夢

韓国の海自基地周辺の土地買収が表面化した2009年11月、政府は閣議で、「自衛隊の部隊などの適切な運営に支障を及ぼしているとは認識していない」として、外国人土地法（後述）に基づく政令や、新たな法整備は検討していないとする答弁書を決定している。これは、山谷えり子参院議員の質問主意書に答えたものだ。

何たる感度の鈍さなのか――と思ったらなんと、民主党の鳩山政権時代のことだった。

その鳩山由紀夫首相は、民主党幹事長時代の09年4月17日に行われた、動画共有サービスのニコニコ生放送で、外国人参政権に関連して、まともな日本人が聞いたら仰天するような発言をしている。

「日本列島は日本人だけの所有物じゃない」

この御仁《ごじん》、自身が首相になると、何を勘違いしたのか、米軍普天間飛行場（沖縄県宜野湾市）の移設をめぐり、何ら公算もないのに「最悪でも県外へ」とのたまい、日米両国を混乱に陥れたのは、まだまだ記憶に新しい。

そればかりか、こうして対馬の問題でも人知れず災厄をもたらしていたのだから、今さらながら開いた口がふさがらない。

一方、自民党の古屋圭司衆院議員は、党の勉強会で、「領土を合法的に乗っ取ることが着々と進んでいる気がする。米国には外国企業が国内企業を買収した際、安全保障上の問題があればストップできる法律がある」と議員立法を提案した。稲田朋美元防衛相も「島民の名義を偽って不動産を買うと、刑法上の犯罪に該当する」などと発言している。

中川昭一元財務相は、「対馬がこんな脆弱な状況に置かれているとは知らなかった。常に平和と安全を守る努力をしなければ、気づいたときには危機が間近に迫っていることになりかねない」と語っている（夕刊フジ２００８年8月10日付）。

興味深いのは、新潟県議会がこの問題に鋭く反応していることだ。県議会は２００９年3月26日、外国資本による不動産買収の規制などを国に求める意見書を、自民党などの賛成多数で可決したのだ。自分の県のことならまだしも、他県の、それも離島の話のことである。実は新潟県も、新潟市内の一等地を中国資本に買収されかけており、２０１０年に起きた海上保安庁巡視船への中国漁船衝突事件で不安を募らせた地元住民の反発で頓挫しているのである。

ホコリをかぶったままの「外国人土地法」

こうした中で取り沙汰されたのが、大正時代に制定された「外国人土地法」だ。安全保障の観点から、重要な区域の外国人による土地買収を制限する規定が盛り込まれている。この法律は、存在自体が長年忘れられていたが、対馬での韓国資本、新潟での中国資本による土地買収を機に、にわかに注目を集めている。

外国人土地法は、大正14年の制定。第4条で「国防上必要ナル地区ニ於テハ　勅令ヲ以テ外国人又ハ外国法人ノ土地ニ関スル権利ノ取得ニ付禁止ヲ為シ又ハ　条件若ハ制限ヲ附スルコトヲ得」とある。同条の2項では、具体的な地区を「勅令ヲ以テ之ヲ指定ス」と定めている。

前出のように鳩山政権に質問主意書を出したことのある超党派議連「日本の領土を守るため行動する議員連盟」（会長・山谷えり子参院議員）のメンバーらは、この法律を「対馬問題の解決の糸口となりうる」とし、法的な効力が残っていることを国会質疑で確認している。条文にある「勅令」は、現在は「政令」に読み替えるという規定があるため、法改正の必要もなく、新たな政令をつくれば、法の適用ができるのである。

ただ、政令の策定時に、具体的な制限区域の判断基準や要件などを定める作業は必要となる。さらに、買収された土地には財産権が発生するため、この法律での解決は困難との見方もある。軍事ジャーナリストの井上和彦氏は、この外国人土地法について、「この法律に基づいた政令が規定されていないため宙ぶらりんになっている。政令で定めれば中国による土地取得を阻止できるのだから、一刻も早く法整備すべきだ」と警鐘を鳴らす。

だが、その政令を定める動きは鈍い。

他国の場合はどうだろうか。米国では、安全保障上の懸念のある買収案件については、エクソン・フロリオ修正条項に基づいて、政権内に設置された外国投資委員会（ＣＦＩＵＳ）が審査し、大統領の判断で案件を拒否することができる。修正条項は大統領に対して、米国の安全保障を脅かす恐れのある取引を停止、または禁止する権限を与えているのである。

対馬の土地を買い漁る、当の韓国だが、自身は同じような外国人土地法で、軍事施設や文化財保護地域、自然保護地域について規制をかけているというのだから、いかに日本がお人好しか分かろうというものだ。

この外国人土地法は、国土交通省や環境省、総務省、外務省、農林水産省、防衛省と、関係部署が各省にまたがるため、法案作成にはかなりの時間が見込まれる。議員立法化が待たれるゆえんである。

こうした国や国会の動きが鈍い場合、地方自治体でも対処する方策がないわけではない。

参考になるのが、福岡県が全国にさきがけて制定した、暴力団排除（暴排）条例だ。

条例は、「暴力団の活動に資するものであることを知りながら暴力団員と取引をすること」「不動産が暴力団事務所に使用されないよう契約の相手方に利用目的を確認するよう努めること」などを定めている。条例制定をめぐっては当初、法務省や警察庁が国法を超えるとして消極的だった。だが、暴力事件の多さから「修羅の国」などと言われた福岡県民が治安改善を求めたために、国も軟化し、最終的に全国で初めて施行された。

一方、外国人土地法の条例版は、暴排条例の「暴力団」を「外国資本」に置き換えるイメージだ。自衛隊施設や警察施設等、安全保障上や治安上の懸念がある土地取引については、契約相手が日本人であっても、外国人への譲渡を認めないなどの網をかぶせる案である。

これまでのように国や国会が動かないなら、対馬を行政管轄する長崎県がやったらどうか。県がやらないなら、対馬市に検討してもらいたい。住所は対馬市美津島町竹敷の私有地であっても、場所が場所である。日本国民全員の生命と安全に直結する「財産」であることを今一度思い出して、条例施行に動いてほしいものだ。

対馬市を長崎県から福岡県に移管せよ

何度でも言うが、こうした事態を招く背景には、人口の流出による過疎化がある。この過疎化の遠因になっているのが、行政管轄の区域分けだ。そもそも壱岐《いき》、対馬が、なぜ長崎県なのか。対馬島民の多くは、そう疑問に思っているという。

前出の小田市議は、「対馬は壱岐と同様、歴史的にも経済的にも、どうみても長崎県より福岡県と縁が深い。対馬出身者は長崎県より福岡県の方が多い。買い物だって病院だって福岡県なのに、航空路線は長崎県と福岡県が半々だ。長崎航路は、行政や土木建築関係者しか使わない」と解説する。

実際、2017年の対馬市議会では、対馬市の転県が議題となり、長崎県から離脱して福岡県に組み込んでほしいとの声が出された。理由は、「福岡県は、政令指定都市では全国でも人口増が最も著しい福岡市を抱え、財政的にも豊かだ。この福岡県から経済的、人的な支援を受ければ、対馬も韓国人観光客ばかりに頼らなくて済む」（小田市議）からだ。

そこで筆者は、あらためて対馬市を福岡市対馬区に編入することを提案する。その次善の策が、福岡県対馬市だ。思い切って、東京都対馬特別区というのもありではないか。距離的に遠いというのなら、対馬市と福岡市に都の出張所をつくればよい。この際、予算がどうのとケチなことを言ってはいけない。誇り高き対馬が、食い詰めて存亡の危機にあるのだ。東京都の予算は約13兆円と、スウエーデンやギリシアなど、1つの国家を超える規模を持つ。

実際、国境離島振興策とはいっても、国には優先順位がたくさんあって、なかなか目が行き届かないというのも事実だからだ。だからこそ、財政的にも人口的にも余裕のある政令市、それがダメなら県が編入して面倒をみようという案だ。

福岡市対馬区。市民はこれまでより何倍も対馬を訪れ、カネを落とすだろう。

ここでちょっと、なぜ対馬が長崎県になってしまったのかを整理しておく。明治政府は廃藩置県の当初、肥前国と唐津の一部を所領していた対馬と壱岐を長崎県に統合する考えだったが、明治維新で功績の大きかった肥前佐賀藩は単独で佐賀県として独立。残った肥前国と壱岐・対馬が長崎県となったという流れだ。

さて、「福岡市対馬区」、あるいは、「福岡県対馬市」――実現は容易ではないが、黙っているよりはマシである。それほど切実なまでに、経済的に対馬は追い詰められているのだ。同じ離島でも、人口142万人の沖縄県の場合、内閣府の沖縄振興予算総額は3010億円（2018年度）である。かたや人口3万1千人の対馬市は、17年に施行された離島新法に基づき、わずか9億円に過ぎない。人口が違うとはいえ、米軍の基地があるとないとで、これだけ違う。対馬市民が長崎県からの離脱を希望するわけだ。今こそ、オール・ジャパンによる人的、物的、財政的な支援が急がれる。

前出の小田氏は、「韓国人観光客がいなければ対馬はやっていけない。でも、土地を買い漁ったり、韓国企業だけが潤い、地元に金を落とさない。本心では歓迎できない」と断言した。

無視できない韓国人観光客の落とす金

海自基地周辺の土地が韓国資本に席巻されている竹敷から、浅茅湾《あそう》をはさんで反対側にある豊玉町仁位《とよたままちにい》の和多都美《わだづみ》神社まで車で30分。湾に並ぶ鳥居が美しいこの神社にも、韓国人観光客が押し寄せていた。

この和多都美神社は、豊玉町の由来にもなった豊玉姫命《とよたまひめのみこと》と、海彦・山彦の神話で知られる彦火々出見尊《ひこほほでみのみこと》を祭神とする海宮だ。

このとき日本人は、昇殿していた数人だけ。韓国人観光客が静かな境内に大型バスで乗り入れ、かといって賽銭を投じて参拝するわけでもなく、景色や鳥居を背景に記念撮影に興じるなど、喧騒に包まれていた。また、神社から車で10分ほど行く３６０度のパノラマが楽しめる烏帽子岳の展望台も、韓国人観光客だらけだった。

韓国人観光客で賑わう和多都美神社
＝2018.7.29、長崎県対馬市

　これらは、日本の本土に探そうと思ってもなかなか見つからない絶景だけに、島民ならずとも、多くの日本人観光客にも来てもらいたいのだが、なにしろ航空運賃がべらぼうに高い。大人ひとり当たり福岡空港から往復２万円もかかるため、家族で旅行すると、交通費だけで軽く10万円を超えてしまうのが現状だ。

　それは旅行客だけでなく、対馬の島民関係者も同じだ。島民の場合は、遅まきながら２０１７年４月に施行された10年の特別措置法「国境離島新法」によって、船舶・航空運賃は一部を国が負担するため、一般の旅行客に比べて半額だが、島民の親戚はこの対象ではないから大変だ。盆暮れなどに帰省しようとしても、住民登録が本土だと、一般旅行客と同じ運賃を支払わねばならない。学生や若い家族連れにとっては大きな負担を強いられ、結局、島関係者ですら足が遠のく要因となっている。

　これに対し、韓国人の場合、対馬に最も近い釜山《プサン》から対馬の玄関口、北対馬の比田勝港までは、JR九州が運航する高速船「ビートル」で片道8000円。しかも釜山では往復3000円〜4000円で売られているのだから、日本国内で対馬に行くよりも、よほど低料金だ。時間も、ビートルを使えば、釜山から比田勝港までわずか70分だ。JR九州以外にも、韓国企業3社が航路を開設し、1日のべ10隻が韓国人を大量輸送する。

こうして、多くの韓国人客は北対馬の比田勝港から入国し、その周辺に宿泊する客が3割、残りの7割が日帰りだ。宿泊客の一部は、車やバスで南部の厳原《いづはら》まで行き、観光する。

2017年に対馬を訪れた韓国人観光客は、36万人にのぼる。人口3万1千人の対馬市に、1日平均1千人、多い日には3千人近くがやってくるのである。

その比田勝港に行ってみた。対馬空港から北に向けて車で山道を走る。途中、そそり立つ山の木々や、突如として視界に現れる対馬特有の入り江の水面が眩《まぶ》しい。2時間近く走って、ようやく港に着いた。

比田勝港は天然の要塞というか、地政学的な要衝で、丘の上には日本最大級の豊《とよ》砲台跡地がある。対馬には日清戦争以来、30カ所の巨大砲台があり、豊砲台はその中心的な存在だ。建造には男も女も村人総出で、昭和4年5月に着工し、5年がかりの昭和9年3月に完成した。そこに、ワシントン海軍軍縮条約で不要となった巡洋戦艦「赤城」の45口径砲塔40センチカノン2門を移設した。これは当時、世界最大の巨砲だった。結局、一発も撃たずに終戦を迎えたが、地元では、米軍の爆撃で日本海側が比較的被害が少なかったのは、この対馬の巨砲の存在が抑止力になったのだと胸を張る。

実際に中に入って見て実感したのだが、戦後米軍が破壊しようとして発破をかけたが、あまりに頑丈で崩れなかったため、破壊するのをあきらめたという。80年以上前に出来た建造物だというのに、中はきれいに保たれ、砲身を持ってくれば今でも、すぐ実戦で使えそうな堅牢な施設だった。

そんな場所は観光コースに入っていないのだろう。豊砲台には目もくれず、比田勝港から入国した韓国人観光客らは、韓国展望所を目指す。晴れて、もやがかかっていなければ、50キロ先には韓国・釜山が見える。夜は夜景がきれいだという。そこから自分の国を見てみたいという気持ちは良く分かる。

大型バスで乗り付けた一団は、手に手にカメラを持って記念撮影を始めた。展望所の近くには、目先の洋上で遭難した韓国使節団の慰霊碑がある。漢字で犠牲者の名前を掘ってあるのだが、若い韓国人観光客に聞くと、漢字は読めないと言っていた。

韓国風の展望所に設置された解説地図は立体的で、かつては日本海が「東海」と書かれていたものを使っていたため、地元の関係者が管理人に言って削らせたという。

対馬最北端の韓国展望所。天気がよければ韓国・釜山が見える
＝2018.7.28、長崎県対馬市

観光客は、若い男女のカップルや男同士、女同士のグループに加え、爺さん婆さんと孫の3世代家族など、さまざまだ。

比田勝港の近くで大型スーパーを経営する武末聖子《たけすえしょうこ》社長に、最近の韓国人観光客の様子を聞くと、「昔はレジで値下げ交渉をしてなかなか引き下がらなかったり、トイレを汚したり。万引きなんかもあったけど、今はだいぶマナーが良くなってきた。日本のテレビ局が、韓国人観光客のマナーの悪さを撮影させてほしいと取材要請をしてくるが、最近そんなことは少なくなったので、お断りしている」と話す。例えば女性客も、原色系の服装から、淡い色の服装をした人が目立ち、だいぶ「日本風」になってきたという。

武末社長によると、韓国人観光客のおかげで売上げは3割アップしたそうだ。

介護老人保健施設「結石《ゆいし》山荘」を経営する武末裕雄《やすお》会長（74）も、「釜山～比田勝港の船便の増加に伴い、韓国人客もずいぶん増えた。経済効果は間違いなくある」と語る。

港近くの免税店主任、平田暢《みつる》氏（41）は、「日帰りと宿泊が半々。多い人は1人で20～30万円も買い物する。納豆キナーゼなど健康食品の人気が高い。ひと昔前は、磁気を帯びたネックレスなどが人気があった」という。船舶の低価格化で、学生など個人客も増えているが、そういった若者は菓子類などを買っていくという。

夜、港近くのすし屋「すし処《どころ》　慎二」に行くと、韓国人の家族連れや、野球帽をかぶったままカウンター席に座ってスマホをいじり回す、若いカップルが目についた。

店を出て、近くの定食屋「伊勢屋」の女性店員に話を聞くと、さきの大型スーパーで聞いた話とは違い、いまだに傍若無人な韓国人客が絶えないという。例年にない暑さから、気象庁までもが「災害だ」という今夏は特に、冷房の効いた店内に入って、無料でウーロン茶を飲むだけ。注文を取ろうとすると、日本語とハングル語で書かれたメニューを見て、「食べたいものがない」と言い、休憩だけして店を出て行くバカ者もいるのだという。

数年前に比べると、だいぶ韓国人のマナーは良くなった。一方で、船代が安くなった分、さまざまな客層が比田勝港を訪れるようにもなった。韓国の旅行代理店や観光業者には今後も、「郷に入っては郷に従う」という、国際基準のマナーを徹底するよう、韓国人を教育してもらいたいものだ。

「対馬も韓国領」というナンセンス

科学的かつ、文献上の根拠らしい根拠もなく、対馬は韓国領という韓国人。彼らが不法占拠する島根県の竹島（韓国名・独島）も、その程度の認識で領有権を主張しているのかということになる。対馬が韓国領だと主張することはすなわち、竹島は日本領だと自ら認めているようなものだから噴飯ものだ。

韓国ソウル近郊の京畿道 議政府市議会が2013年3月22日、日本政府に「対馬の即時返還」

を求める決議文を採択した。彼らはその中で「地理的、歴史的、科学的にみても韓国領土であることは明らかだ」とする荒唐無稽な主張を展開した。また、韓国国会に対し、専門委員会を設置して領有権の主張を強固にすることを、韓国政府に対しても、国際社会への働きかけや日本との領土交渉を求めているのだが、いずれも説得力はゼロだ。さすがの韓国政府も取り合おうとしない。冒頭で指摘した通り、逆に竹島の不法占拠を満天下にさらすことになりかねないからだ。

こうした動きに対し、前出の対馬市の財部能成市長（当時）は、「議政府市の主張は世界史的にもまったく証明が不可能な事実であり、3世紀の歴史史書、魏志倭人伝に記されたとおり、日本国であることは言うまでもなく、今回の主張は笑止千万」と一笑に付した。

韓国では05年3月にも、南東部の慶尚南道馬山市議会が条例で「対馬島の日」を制定し、馬山市がその後、昌原市と合併したことにより、現在は昌原市の条例となった。これを受け、昌原市の市議約50人は13年3月26日から対馬訪問を計画し、「観光に行くので市議と懇談したい」と対馬市に申し入れたが、領有権主張という見え見えの魂胆に騙されるわけにはいかないとばかり、対馬市側に丁重に断られている。

それに対し、昌原市議会側は「日本の右翼団体が抗議に来るとの情報があり、宿泊施設も泊めてくれない」と、韓国メディアに虚偽の説明をして取りつくろった。というのも、昌原市議団が対馬を訪問するという話は未公表で、当事者以外だれも知らない話であり、右翼うんぬん以前の話だったからだ。しかし、これで懲りないのが韓国である。昌原市議会は17年3月にも、

「『対馬島の日』の行事に政府支援を求める建議案」を採択した。それだけではない。この間、08年7月には韓国の国会議員約50人が、「対馬返還要求決議案」を国会に提出している。

こうした事情に詳しい産経新聞の加藤達也元ソウル支局長は、「韓国側の対馬返還要求は2005年2月、島根県が『竹島の日』を制定したことに対抗した動きだとする見方が有力だ。『報復心理』である」（産経新聞2013年3月31日付 朝刊電子版）と分析している。

報復心理というのなら、日本府があった任那《みまな》はじめ、倭が新羅《しらぎ》や百済《くだら》を臣民とした――などと書かれている中国吉林省の広開土王碑にある通り、朝鮮半島南部の一部は日本領だったと主張する方がまだ、説得力がある。韓国人たちが、朝鮮半島南部にある日本固有の前方後円墳をなぜ、壊し始めたのかも説明してもらいたいものだ。これらがあると、都合が悪くなるからではないだろうか。

ちなみに、議政府市が「対馬は韓国領」の根拠としているのは、朝鮮王朝時代の地理書や1855年の英国地図、1865年の米国地図などだ。李承晩《イ・スンマン》大統領が1952年、歴史事実に基づかず、「文禄・慶長の役で日本が占領した」などと主張し、対馬と竹島を韓国領に編入するよう、米国などに強く働きかけたという歴史もある。結局、李承晩大統領の言い分は通らず、1951年にGHQによって却下されたが、当たり前である。GHQも、韓国の根拠のない主張を疑いもなく受け入れるほど認識不足ではなかったということだ。

また、2007年のことだが、韓国海軍の前高官の「対馬侵攻計画」が発覚して、韓国人を興奮させたことがある。金成萬《キム・ソンマン》大韓民国前海軍作戦司令官・予備役海軍中将は、「今後はわが国も対馬島領有権主張を体系的に推進すべきだ」との論文を発表し、「独島（竹島）の防衛策として、対馬の軍事占領計画を練れ」などと主張した。

さらに、対馬奪還運動を行っている活貧団という組織は、日本がさきの大戦で敗れた8月15日に対馬に上陸し、韓国国旗の太極旗を対馬に掲揚し、韓国領土である事を宣言するとしている。この団体は、過去には日の丸の「火刑式」を何度となく行ったほか、日本大使館に牛糞入りの小包を送りつけたり、観光旅行を装って来日し、国会議事堂の敷地内で「竹島は韓国の領土」などと抗議活動を行う過激な団体だ。この組織には、韓国軍特殊部隊の元隊長なども属しており、「日本国内に潜入して日本をやっつける」「反日膺懲《ようちょう》（征伐して懲らしめる）行動を行い、日本中を驚愕させる」など、テロをほのめかす発言をマスコミを通して発表している。

こういう根拠のない過激な言動は世界の笑い者だが、理屈から言っても、これらの主張は魏志倭人伝の根拠を超えるものではなく、何ら説得力はない。ましてや、韓国側が対馬を実効支配した事実もない。後に紹介するが、日本への朝貢という色合いの強い朝鮮通信使が訪れたほかは、対馬にたびたび攻め入り、残虐の限りを尽くしたという過去があるだけだ。

さきの財部市長は、見解の中でこう明言した。

「対馬は国交のない時代も含め、韓国との交流・交易を続けてきた。しかし、交流するといっても、相手を無条件に受け入れることはできない。対馬市民の平穏な生活や、有史以来の歴史が息づく文化や史跡のほか、壱岐対馬国定公園として風光明媚な自然景観も多数存在するので、それらを壊すようなことは絶対に許されない。日本の法律に違反することがあれば、日本人・韓国人の区別なく、国内法規に則《のっと》り対処する。韓国人旅行者が対馬に来て韓国の風習や習俗を押しつけようとすれば、ここは日本であるわけですから、日本の風習に合わせてもらう」

心配なのは、最近では、これまで韓国人観光客を特段歓迎してこなかった島民の中にも「彼らの言う通り、対馬は昔、韓国領だったのではないか——と真顔で語る人がいる」(俵次男氏)ようになったことだ。こういう人は、残念ながら「ウソも百回言えば真実になる」という韓国人の術中にはまってしまった感がある。

仏像盗難で悪化する住民感情

さらにひどいのは、朝鮮通信使行列だ。

この行列は、対馬最大の祭り「対馬厳原港まつり」のメーンイベントで、江戸時代、李氏朝鮮から対馬藩を経由し、江戸に向かった外交使節団を再現する行事として知られる。韓国から舞踊団や高校生らを招き、島民と合わせて約300人が伝統衣装を身にまとい、島の中心部を練り歩く。

2014年8月3日、対馬で盗まれた仏像が韓国で発見されながら返還されないという問題を機に、前年は中止されていた朝鮮通信使行列が、2年ぶりに再開された。しかし、あろうことか、行列は口々に「対馬（テマド）はわが領土」と韓国語で声を挙げながら、対馬市の中心部を練り歩いたというのだ。

今は韓国人観光客で賑わう対馬だが、基本的には、侵略してきた元軍や高麗軍と戦ってきた苦い歴史があるだけに、対馬の人が韓国語を積極的に学んでいるわけでもなさそうだ。だからこそ、通信使を真似《まね》た行列が韓国語で「対馬はわが領土」と声を出しても、「地元の島民は気づかずに拍手を送っていた」（厳原町民）という。

イベント中止のきっかけとなった仏像窃盗事件は12年、観音寺の仏像「観世音菩薩坐像」（県指定有形文化財）が、韓国人窃盗グループに盗まれ、韓国内で押収されたというものである。だが、これに対し韓国仏教界などが「そもそも倭寇に略奪されたものだ」と主張。韓国・大田《テジョン》地裁はこの言い分を認め、返還を差し止める仮処分を出していた。この事件で、島民の対韓感情は悪化し、祭りの主催団体は抗議の意を示すため、行列を中止した上、祭りの名称から「アリラン」を削除した。だが、行列開催で協力している韓国「釜山文化財団」が韓国政府に仏像返還を働きかけたことと、同財団との友好関係を続けるため、反対論がくすぶる中で再開が決まったのである。

この再開について、仏像を盗まれた観音寺の田中節孝・前住職は「行列をやると言うならやればよい。ただ、仏像盗難は明確な刑事事件だ。返還すらしない国に対し、必要以上に配慮することは、本当の友好とは言えない」と不満を述べている（産経新聞2014年8月3日付九州山口電子版）。行列再開の見通しが報道された直後には、抗議の電話が1週間で50件以上、市などに寄せられたが、大半が島外からだったという。

地元のホテル経営者は、「仏像事件はとても腹立たしいが、商売とは別の話だ。ホテルの予約は韓国人団体客ばかり。対馬には、沖縄のように日本人がたくさん来てくれるわけではないし、多額の国の振興予算がつくわけでもない」と語った。

市議会が真顔で対馬を韓国領だと言い、仏像を盗まれながらも、日韓両国の友好親善を優先させて再開させた朝鮮通信使行列の裏切り。どこまでも日本人は人が好い。

木槿の違法植栽事件に見る韓国人の無駄な狡猾さ

これ以上に姑息なのは、韓国を象徴する木槿《ムクゲ》（韓国名・ムグンファ）を使った侵略行為だ。

この木槿違法植栽事件が起きたのは、２００７年1月24日だ。韓国のクイズ番組で成績上位だった高校生と番組スタッフが、壱岐対馬国定公園内にある対馬最北端の韓国展望所の周囲に、木槿を無断で植栽した。かたわらには「対馬歴史探訪団」と記した看板まで立てた。木槿の苗木は、対馬市内で購入したものだという。

異変に気づいた地元の島民から通報を受けた対馬市は翌日、植栽した韓国人らに命じて撤去させた。韓国人らは「違法だとは知らなかった」と釈明したが、竹島を不法占拠して開き直る国柄《くにがら》だけに怪しい。場所は外国の国定公園だ。本当に知らなかったというのなら、ずいぶんと参加者のレベルが低いクイズ番組だったのだろう。

韓国には2002年ごろから「独島有人島化国民運動本部」（議長・黄白炫《ファン・ベクヒョン》）という民間団体があり、「100年後に対馬全域に木槿を咲かせる野望を達成する」という目標を打ち立て、一部の韓国人らがこれに呼応し、観光客を装いレンタカーを使って対馬全域を訪れて木槿を植栽するという暴挙に出た。

議長の黄は韓国メディアの取材に「2年前から対馬のあちこちに木槿の種を蒔いたり、苗木を植えてきた」と胸を張っていたというから、腹立たしいではないか。

対馬にはヒトツバタコ（一つ葉タコ）という、島を象徴する花があるのだが、「最近は、やたらと木槿が多くなってきたように思う」（前出、韓国展望所近くの介護老人保健施設「結石山荘」理事長の武末裕雄氏）という証言もある。

《筆者注：ヒトツバタコは国の天然記念物に指定されており、別名はナンジャモンジャ。大陸系モクセイ科の落葉樹で、湾を囲むように白い花が海面に映えることから「ウミテラシ」とも呼ばれる》

なぜ、韓国人らが他国に来て競うように木槿の苗木を植えたり、種を蒔いたりするのかは、言うまでもなかろうが、あえて言う。

「韓国に自生する木槿がこんなに咲いているということは、対馬は昔から韓国領だったのだ」

という屁理屈をこねるためだ。

中国人と同じ手口だ。南シナ海の岩礁に夜な夜な出没し、中国製の土器や磁器などの欠けた壺をこっそり沈め、後になって引き揚げて、「アイヤー、ここは昔から中国領だったアルよ」というわけである。

大中華と小中華。やることが、どこまでもよく似ている。

勇猛果敢な対馬武士の誇り

「国に見捨てられているんだよ、われわれは」

前出の、対馬・竹敷の海上自衛隊対馬防備隊本部近くに住む水産関係業の西倉孝義氏は、こうつぶやいた。

歴史をさかのぼれば、対馬の島民の頑張りなくして現在の日本はない。この事実を、どれほどの日本人が認識しているのだろうか。対馬の振興を語るなら、まずはそこからだ。

文永の役（1274年）、弘安の役（1281年）と、2度にわたって襲来を受けた「元寇」を知らぬ者は、本土にはいても、対馬にはいないだろう。

福岡・博多での戦いで、東国武士や肥後の竹崎季長《すえなが》、菊池武房《たけふさ》ら御家人の武勇伝は知られているが、どちらの戦いも、対馬が第一撃をくらって奮戦、奮闘していたのである。

ときは文永11年（1274年）10月5日、元（蒙古）の大軍が対馬西南の海岸、小茂田浜《こもだ》に押し寄せた。蒙古人、女真人、漢人、合わせて2万人。高麗人5〜6千人、舵取りや水手《かこ》1万5千人の、総勢4万6千人が、大船300隻、快速船300隻、小船300隻の計900隻に分乗してやって来た。

祭日で餅つきを楽しんでいた小茂田の村は、上を下への大騒ぎとなった。宗助国《そうすけくに》率いるわずか200の軍勢は、逃げようと思えば深い山に逃げることもできたが、道なき道をかきわけて陣幕を張り、蒙古軍を迎え撃った。これが、蒙古軍と日本の武士の、ファースト・コンタクトである。

この後、蒙古軍は壱岐を攻め、長崎の鷹島を攻め、博多湾に上陸した。

鎌倉武士の奮戦で洋上の船舶に逃げ込んだ蒙古軍は折からの暴風雨で退散するが、帰りがけに薪水《しんすい》の補給のため、北対馬・比田勝港を襲撃。

南越志《なごし》の浜の戦いで対馬北部の守護職、宗下野次郎盛維《そうしもつけのじろうもりこれ》と次男、上総介《かずさのすけ》が勇猛果敢に戦うが、多勢に無勢。壮絶に討ち死にした。

宗下野次郎盛維の御魂《みたま》は、軍殿《いくさどの》神社として熊野の三社権現に祀られ、後に比田勝の豊崎神社にも神として祀られた。現在、宗下野次郎盛維の墓は、豊崎神社横にある比田勝派出所の横に建立されている。

対馬を舞台にした小茂田浜、比田勝の戦いにおける高麗（朝鮮）兵の残虐ぶりは筆舌に尽くしがたく、日蓮聖人も書き残している通り、阿鼻叫喚《あびきょうかん》の地獄絵図だった。非武装で抵抗できない相手に対して何十倍もの兵力で襲いかかり、ありとあらゆる暴虐を尽くした。

長崎県にルーツを持つ作家の井沢満氏などによれば、山に逃れた島民をしつこく捜す高麗の兵士は、赤ん坊の泣き声などをたよりに島民を見つけ出すと、全員を殺害し、赤ん坊も股裂きなどにした。高麗軍は、命乞《ご》いをする妊婦の腹を蹴破り、胎児をつかみ出して殺した。

また、生け捕りにした男女はみな素裸にして、男は手のひらに穴を開けて船縁に吊るし、女は髪の毛で船縁から吊るした。これは、博多に上陸する際、鎌倉武士らが船に向かって矢を射るのを逡巡させることを狙って、盾にするためだ。あるいは男と同様、女も手のひらに穴を開けられ、ひもを通されると「数珠《じゅず》つなぎ」にされた。捕虜の手のひらに穴を開けて縄を通すのは、百済の時代から、朝鮮半島の伝統だ。

高麗軍は、日本で200人もの童男童女を生け捕りにして、高麗の忠烈王とその妃に献上したとも伝えられる。

だれが国を守るのか

本土の日本人はピンと来ないかもしれないが、対馬の人にとっては古来、朝鮮半島との友好は大切であったし、現在も韓国人観光客なくして島の経済は立ちゆかない。だが、韓国人は同時に、恨みと警戒の解けることのない相手であり続けているのである。

16世紀後半に朝鮮出兵した豊臣秀吉の文禄・慶長の役がどうの、戦前の日本がどうのと批判されても、こうした韓国・朝鮮人らの罵詈雑言は、対馬の島民にとってはどこか、白々しく聞こえるだけなのである。

文禄・慶長の役だって、ボケた秀吉の無謀な戦《いくさ》というよりも、元寇や、たび重なる朝鮮兵による島民虐殺の歴史を知った秀吉の、義侠心による懲罰戦争だった可能性がある。

また、13世紀から16世紀にかけて、朝鮮半島や中国大陸の沿岸部や一部内陸、および東アジア諸地域において活動した倭寇だって、元寇の際に高麗兵に拉致された日本人の救出がきっかけだった、という言い伝えが、対馬には残されている。

だとすれば、北朝鮮に同胞を拉致されたまま自らの手では取り戻せず、米国に圧力をかけてくれるよう頼みながら、いたずらに月日を過ごしている現在のわれわれに比べ、海賊と言われようと何だろうと、さらわれて未開の地で塗炭の苦しみにあえぐ妻や息子、娘を助けに行った倭寇は、よほど立派に思えてくる。

文永の役の際に元と高麗の連合軍が上陸した地、小茂田浜神社の境内に、蒙古襲来を伝える石碑が建っている。家族を守るため、郷土を守るため、日《ひ》の本《もと》を守るために、果敢に立ち上がった対馬武士に敬意を表して、全文を紹介したい。

一、

頃は文永十一の　浪の花立つ神無月
傲慢無礼の蒙古勢　海をおおうて寄せ来《きた》る
助國公を始めとし　一族郎党おしなべて
忠義一途《いちず》の對馬《つしま》武士　頼む心の一すじは
霰《あられ》たばしる真剣ぞ　踏み迷わじ弓張《ゆみはり》の
月日照りそう神州に　一歩も入れじとたゞ進め
進め勇めの号令に　吶喊《とっかん》一声いかずちの
天地にひゞくばかりなり

二、

智勇仁義の名将の　下弱卒《もとじゃくそつ》のあるべきぞ
忠臣心をあわせるゝ　國の御陵威《みいつ》を楯となし
きらめく剣に将を斬り　とゞろく蹄《ひづめ》に旗を抜き
死して忠戦の鬼となるも　生きて異國の奴となるな
寸歩も去らず戦えど　敵は竹葦と攻めかこみ
流石《さすが》勇武の英将も　いとも手痛き戦に

五丈原頭景落ちて　晝《ひる》なお暗くなりにけり

三、
中にも斎藤資定《すけさだ》は　二つの腕はたゝれても
忠義の二字は凛然と　大喝《だいかつ》敵をしりぞけて
頭を岩にふれて死す　散りぎわ潔《きよ》き山桜
大和心にえみしらは　小茂田の浜を落ちて行く
わが日の本の光こそ　実に國民の亀鑑なれ

さきにもご紹介した、北対馬・比田勝で大型スーパーを経営する武末聖子社長は、自著『知ったぁ？　こんな対馬の歴史《はなし》！』の中で、こう語っている。

「対馬が国境の島だということは知っていても、同時に国土防衛ラインという認識が日本政府には薄すぎる。だれが国を守るのか。日本政府は対馬を日本の領土と思っているのだろうか。思っているならもっと対馬島民に対しても対馬市、長崎県、日本政府がもっと安全保障について強い姿勢を私たち島民に見せて欲しい。交流、国境、防衛に対してのけじめがあまりにもない」

おわりに

世界を見渡せば、アメリカではトランプ大統領が登場して「アメリカ・ファースト」を叫び、ヨーロッパに目を転じれば、イギリスが欧州連合（ＥＵ）を離脱し、欧州統合どころか分裂に向かって遠心力が働いている。

この結果、伝統的な大陸パワーであるドイツが政治・経済の両面で影響力を強め、ロシアがウクライナ領だったクリミア半島を併合し、シリアでやりたい放題で中東での存在感を増している。アジアでは中国が「一帯一路」のスローガンのもと、スリランカ、パキスタンといった経済弱小国に触手を伸ばし、札びらで横っ面《つら》を叩く拡張戦略を強引に進め、南シナ海、東シナ海をわが者顔で席巻し、北朝鮮の後見役としての立ち居振る舞いを強めている。

気づけば、わが国周辺は、ロシアのプーチン大統領、中国の習近平国家主席、北朝鮮の金正恩《キム・ジョンウン》労働党委員長といった、独裁者が支配する独裁国家に囲まれてしまった。それなのに、情けないことにわが国は、自分で自分の国を守るという当たり前のことをより可能にする憲法改正という有効な手も打てずに、いたずらに時間を浪費し続けているというのが現状だ。

中国共産党の外交・国防の大方針である韜光養晦《とうこうようかい》、つまり「才能を隠して内に力を蓄える」

という戦略は、今や棚から下ろした状態にあり、各国と陸で、海で、問題を起こすトラブル・メーカーとなっている。

政権基盤を固めるには、対外強硬策は不可欠であるし、個人崇拝、自らの神格化が欠かせないというのが、共産党独裁国家の悲哀なのである。それが周辺国のみならず、国際社会のいたるところで災厄をもたらしている。

習近平国家主席の母校、清華大の許章潤法学院教授が習氏について、「改革開放の成果を抹殺し、中国を恐ろしい毛沢東の時代に逆戻りさせた。共産党メディアによる神格化は極限に達している。なぜこのような知的レベルの低いことが起きたか反省が必要だ」と語っている通りだ。

トランプ大統領と金正恩労働党委員長による米朝首脳会談こそ行われた。だが、われわれ日本人が守るべき歴史と伝統、家族と地域・国家の平和と安寧を脅かす最大要因、すなわち「本丸」は、中国共産党政権であることに今一度、思いを致す必要がある。といっても、何もケンカ腰で緊張関係の中に生きよと言っているわけではない。双方が歩み寄ることで解決できる課題はたくさんある。相手がどうであれ、日本は日本のやるべきこと、備えるべきことをするだけなのだ。言うべきことを言わない友好関係、善隣関係などないのである。

日本人は戦後73年間、防衛力の整備、憲法改正、教育という、国の根幹を成す一番大切なことから目をそむけ、アメリカの核の傘に守られながら、惰眠をむさぼってきた。自衛隊や海上保安庁、警察や消防といった実力組織に守られた安全な場所から、護憲を叫んできた。

その結果が、本書で紹介した通りの惨憺たる現状なのである。地方ばかりか都会の過疎地にまで深く根を下ろし始めた中国人らは、中国という国家が世界中で紛争の種をまきちらしているのと同様、街中のあちらこちらで問題を起こすトラブル・メーカーと化し、留学生や就労者という形で日本社会に浸透する。さらには、国民の血税が4割も投入されている医療保険のタダ乗りまで許し、知ってか知らずか、それに怒りの声すら上げようとしない。

交通事故で命を落とす人は、それまで交通事故で命を落としたことがない。災害で命を落とす人は、それまで災害で命を落としたことがない。自分の命だけではない。家族を、故郷を、国家を奪われてしまえば、取り返しがつかないのである。このことを肝に銘じながら、国内外の情勢に目配《くば》りをしていかねばならないと考えている。

繰り返して言えば、外交、防衛、移民政策という国家の根幹にかかわる問題は、ひとたび間違えると取り返しがつかないのである。とりわけ移民問題は、自分たちの身の回りに直結する話であり、国民みんなが考えていかねばならない、日々の生活と命に関わる問題なのである。

論語にいわく、「鳥の将《まさ》に死なんとするとき、その声は哀《かな》し。人の将に死なんとするとき、その言うや善《よ》し」。

わが国の将来は、老いも若きも、われわれの双肩にかかっている。国家百年の計を考えながら、子や孫たちに、命のバトンを渡していってほしい。

◇著者◇

佐々木類（ささき・るい）

1964年、東京都生まれ。

早稲田大学卒業。産経新聞・元ワシントン支局長。

大学卒業後、産経新聞に入社。事件記者として、警視庁で企業犯罪、官庁汚職、組織暴力などの事件を担当。地下鉄サリン事件では独自の取材網を駆使し、オウム真理教を刑事・公安両面から追い込むなど、特ダネ記者としてならす。

その後、政治記者となり、首相官邸、自民党、野党、外務省の、各記者クラブでのキャップ（責任者）を経て、政治部次長に。

この間、米紙「USA TODAY」の国際部に出向。米バンダービルト大学公共政策研究所日米センターでは、客員研究員として日米関係を専門に研究した。

2010年、ワシントン支局長に就任。その後、論説委員を経て、本書執筆時は、九州総局長兼山口支局長。2018年10月より論説副委員長。

尖閣諸島・魚釣島への上陸、2度にわたる北朝鮮への取材訪問など、徹底した現場主義を貫く一方で、100回近くの講演をこなし、論説委員時代には、読売テレビ「たかじんのそこまで言って委員会」に出演するなど、産経新聞屈指の論客として知られる。

著書に『日本人はなぜこんなにも韓国人に甘いのか』『DJトランプは、ミニ田中角栄だ！』（アイバス出版）、共著に『ルーズベルト秘録』（産経新聞ニュースサービス）などがある。

静《しず》かなる日本《にっぽん》侵略《しんりゃく》

平成30年10月11日　　第1刷発行

著　者　佐々木類
発行者　日高裕明
発　行　株式会社ハート出版

〒171-0014 東京都豊島区池袋 3-9-23
TEL03-3590-6077 FAX03-3590-6078
ハート出版ホームページ　http://www.810.co.jp

乱丁、落丁はお取り替えいたします（古書店で購入されたものは、お取り替えできません）。

ISBN978-4-8024-0066-4　印刷・製本 中央精版印刷株式会社